嚴曉星 著

金庸年譜簡編

四川文艺出版社

图书在版编目（CIP）数据

金庸年谱简编 / 严晓星著 . -- 成都：四川文艺出版社，
2021.9

ISBN 978-7-5411-6090-5

Ⅰ . ①金… Ⅱ . ①严… Ⅲ . ①金庸（1924-2018）—
年谱 Ⅳ . ① K825.6

中国版本图书馆 CIP 数据核字 (2021) 第 151137 号

金庸年谱简编

严晓星 著

出 品 人	张庆宁
策　　划	苟世建
责任编辑	张亮亮
题　　签	陆 灏
装帧设计	季晓光
责任校对	段 敏
责任印制	崔 娜

出版发行　四川文艺出版社（成都市槐树街 2 号）
网　　址　www.scwys.com
电　　话　028-86259287（发行部）　028-86259303（编辑部）
传　　真　028-86259306

邮购地址　成都市槐树街 2 号四川文艺出版社　邮购部 610031
印　　刷　成都东江印务有限公司
成品尺寸　125mm×205mm　　开　本　32 开
印　　张　13.25　　　　　　　字　数　240 千
版　　次　2021 年 9 月第一版　印　次　2021 年 9 月第一次印刷
书　　号　ISBN 978-7-5411-6090-5
定　　价　68.00 元

序

关于金庸，我似已无话可说了。那么就谈谈年谱吧。

关于年谱，我有两点看法。

第一点，传记难做，做传记不如做年谱。自学术立场来看，传记似不及年谱，但自文学立场来看，传记却要难于年谱。写一部出色的年谱，在史料上得求全求备，也少不了排比剪裁之功，是极费心力的。但要写一部出色的传记，却是更加不可能的任务。写传记需要全面的素养和能力，题材的选择，史料细节的掌握与裁断，宏观的视野与识见，文采、写法与布局，欠缺任何一样，皆不足以成就一部杰作。事实上，杰出的年谱有不少，但杰出的传记却非常稀有。

还有，越是大人物，传记就越是难写。因为越是大人物，与时代的交涉就越广泛越复杂，非知人论世，是不足以为之树碑立传的。以金庸来说，坊间已有傅国涌的《金庸传》、刘国重的《金庸评传》，都是颇有积累之作，但文笔尚嫌芜杂，若求跟金庸精彩的一生相衬的传记，还得期之来日。晓星先做年谱，只求勾勒出金庸平生事迹的大概，不失为谨慎的做法。

第二点，年谱的编纂已趋于"异化"。大约是《梁任公先生年谱长编》开了风气，《胡适之先生年谱长编初稿》继而树立标杆，"年谱长编"之体成了文史出版的一时风气。即使不采"长编"之名，年谱的编纂其实也越来越"长编"化了。这种风气，在学术上自有理由和价值，但无形中也偏离了年谱本来的性质和作用。盖年谱之用，本在使旁人或后人便捷地了解谱主的生平梗概，取其简明性，亦取其可读性，而"年谱长编"实际上成了资料大全，对一般读者颇不友好。大抵而言，过去的年谱是传记的草稿，更接近传记文学的范畴；而现在的年谱不如说是谱主史料的编年，更接近史料学的范畴。

由此来看，晓星这部"简编"，不注出处，不作考订，只限于最扼要地交代谱主的言行和创作，在体裁上倒是更纯粹的年谱，是本来意义上的年谱——可说是回归了年谱编纂的"初心"。

金庸的一生，就是近七十年来的香港史，而近七十年来的香港史，又是中国史的一面镜子。金庸是当得起"在这里读懂中国"这句话的，不止"有华人处皆有金庸”而已。此金庸年谱之所以值得做。

但目前做金庸年谱，资料自不可能完备，只是一个阶段性的工作。金庸无疑很配得上一部“年谱长编”，但这个工作，唯有金庸后人提供条件才能做得到；而一旦如此，则这部“年谱长编”就必然是一部“钦定”之作，难免对谱主的粉饰。这样的话，晓星这部“简编”就不止是阶段性的工作了。因为这是他以独立态度完成的，即便将来有更详细、更完备的“年谱长编”，也未必能取而代之。

晓星是有点“年谱癖”的，他另外还在做古琴家查阜西、管平湖的年谱。有意思的是，我所认识的师友里，做过或正在做年谱的还颇有不少。已故的张晖君以《龙榆生先生年谱》一鸣惊人，是大家最熟知的；黄国声先生和李福标兄有《陈澧先生年谱》，是老少接力式合作的典范，而福标另有《皮陆年谱》《清初丹霞天然年谱》，更可谓年谱专家；李开军有《陈三立年谱长编》，王承军有《蒙文通先生年谱长编》《廖季平先生年谱长编》，都是“年谱长编”风气下的成绩。此外，朱铭的巨制《章士钊先生年谱长编》已进入出版流程，宋希於也有意做张次溪、陶亢德、柳存仁的年谱。

相对来说，做传记更多是西方舶来的风气，而做年谱倒更多是中国本位的传统。胡适曾说他最爱读年谱，并称做年谱是"拿绣花针的训练"，"大刀阔斧的人"也应有此本领。年谱确是值得做的工作，诸友黾勉从之，良有以也——只可惜我是不会做了。

那么，我是该说"坐观垂钓者，徒有羡鱼情"呢，还是该说"没吃过猪肉也见过猪跑"呢？

胡文辉

2020 年末于广州

目　录

基本体例

一、本谱系年，以公元纪年列前；一九四九年前，以民国纪年列后。

二、谱主年岁，以周岁计。所配图片中有以虚岁计之者，不作辨析。

三、谱主生年，有一九二三、一九二四两说，生日二月六日亦有公历、旧历两说，俱出谱主本人。今以金庸晚年亲笔订正之族谱小传为准（改民国十二年［1923］为十三年［1924］，并划去二月初六日［西历 3 月 22 日］之"初"、"［西历 3 月 22 日］"），定为一九二四年二月六日（旧历正月初二）。

四、谱主以"金庸""查良镛"二名并称于世。考虑到前者尤为知名，故本书以前者名之，谱文以后者为正式称呼，图片说明则视具体情形而定。

五、本谱列谱主著述，凡署名"金庸"者皆略而不书，其他署名（含本名）皆书之。

六、依据谱主所著小说改编为影视、戏剧、曲艺作品者甚夥，别有天地，谱中不一一胪列，仅择其要者载之。

七、本谱为简编，不注出处，略去考订，以求便于阅读使用。

一九二四年 民国十三年

二月六日（农历正月初二），出生于浙江省海宁县袁花镇寸钩浜河畔赫山房（后名新伟村，今并入新袁村）。"良"字辈，行二，学名查良镛，字锌宏，小名宜孙，按习俗，人称宜官，英文名 Louis Cha。发表中文著译时的署名，除本名、小名以及最著名之"金庸"外，尚有查理、宜、镛、香光、白香光、光、徐宜孙、良镛、小渣、小喳、小查、乐宜、温华篆、姚馥兰、林子畅、萧子嘉、姚嘉衣、畅、子畅、林欢、徐慧之、黄爱华、华小民等。写《明报》社评不署名。

查氏为当地望族。元顺帝至正丁酉（1357），查瑜自江西婺源迁至浙江嘉兴，复迁至今之海宁袁花镇龙山之东南，为海宁查氏一世祖。明清以降，佳士辈出。查继佐、查慎行、查嗣庭等皆显名当时。著名于现代者，有教育家查良钊（1897—1982）、法学家查良鉴（1906—1994）、诗人查良铮（穆旦，1918—1977）、社会活动家查济民（1914—2007）。

查瑜至查良镛的世系为：查瑜——查慧——查浩——查实——查益——查绘——查秉衡——查志高——查允芳——查大任——查继序——查嗣琪——查昇——查昌源——查揆——查世燮——查有琪——查人英——查元复——查文清——查楙

金庸的祖父查文清

金庸的母亲徐禄

忠——查良镛。

高祖查人英（1769—1826）字得天，号慕松，又号赫山，故其裔号为赫山房。查人英长子查元吉（1798—1822），为赫山房东房，无嗣；次子查元复（1826—1906）为赫山房西房。查元复有二子：查文清（1849—1923）、查文荣（1852—1883）。以查文清嗣东房。

查文清字沛思，晚字退思，号沧珊。州庠生，光绪乙酉（1885）科举人，丙戌（1886）科进士，以知县即用分发江苏，己丑（1889）恩科文闱分校，补授丹阳县知县，补同知衔。知丹阳时发生"丹阳教案"，因同情庇护民众而被迫辞职。返乡后编撰《海宁查氏诗抄》，与查燕绪合纂（宣统）《海宁查氏族谱》，并设"义庄"，买田收租，用以救助族人，因而极受地方敬重。查良镛小名宜孙，为查文清生前所取。

查文清得五子一女，殇其二，有三子一女。三子，长子查教忠（1875—？）为清朝秀才，次子查钊忠（1895—1983）、幼子查枨忠（1897—1951），俱为侧室黄氏（1873—1937）所生。查钊忠毕业于北京大学，查枨忠即查良镛之父。

查枨忠字树勋，号枢卿，家名荷祥。上海震旦大学商学院毕业，后经营钱庄、茧庄、丝厂，都成就不大。民国三年（1914），娶妻徐禄（1895—

1938)。徐禄，海宁硖石人，实业家徐申如之堂妹，颇通文墨。查良镛生时，已有一位兄长查良铿(1916—1988)。家有三千六百多亩田产，颇为富裕，还有不少丫鬟；藏书极多，文化气息亦较浓厚。

一九二六年 民国十五年 二岁

五月四日（农历三月二十三），长妹查良琇（1926—2004）生。

一九二八年　民国十七年　四岁

七月三日（农历五月十六），二妹查良璇（1928—2002）生。

每年清明和重阳，查枢忠必带子女上祠堂，见到任何人都相互拱手作揖。查良镛回忆："那时我见到族中的白胡子老公公也向我们四五岁的小孩子拱手作揖，不由得心里暗暗好笑。"

一九三〇年 民国十九年 六岁

是年或次年，家人指着在花间双双飞舞的一种被当地人称为"梁山伯、祝英台"的蝴蝶，给查良镛讲了梁祝的故事。查良镛说："这是我第一次知道世间有哀伤和不幸。"

一九三一年　民国二十年　七岁

　　就读于村口巷里十七学堂。极好读书，尤好课外书。低年级时常看《儿童画报》《小朋友》《小学生》等书刊。

一九三二年 民国二十一年 八岁

春，表兄徐志摩灵柩迎回故乡安葬，随父亲前往吊唁。

是年或次年，第一次读到武侠小说《荒江女侠》。此后，又在《红玫瑰》《侦探世界》杂志上读到《江湖奇侠传》《近代侠义英雄传》，日渐入迷。

一九三三年　民国二十二年　九岁

六月十二日（农历五月二十），与哥哥查良铿看龙王戏《明末遗恨》，觉得崇祯皇帝"有些可怜"。

一九三四年 民国二十三年 十岁

六月三十日，从海宁县立袁花小学初小毕业，进入高小就读。

七月十二日（农历六月初一），三弟查良浩生。

夏，国文老师陈未冬再到龙山学堂教书，任级主任。

其后，开始在报端发表文章，并办级刊。陈未冬自传《我的故事》："当时，查良镛（金庸）也在本校就读，是五年级成绩最佳的学生。他听课、做事都很认真，特别是作文写得好，我对他的每篇作文都细加圈点、认真批改，作为范文在课堂上评析。我曾把他的作文本交给诸暨民报社的骆文华，他看后也认为很不错，还选了几篇在《诸暨民报》上刊登了。"暑假以后，陈先生让查良镛跟他一块儿编五年级的级刊，刊头上画的是一只大公鸡，取名为"喔喔啼"。查良镛组稿、编改、抄写，干得很欢。开头半月出一期，后来一周出一期，有时两三天出一期。

小学图书馆的书籍相当丰富，老师也鼓励学生多读课外书。其间，爱读"内容丰富的'小朋友文库'"，开始读新文艺作品。

1934年6月30日，金庸的初小毕业证书。

一九三五年 民国二十四年 十一岁

秋，升六年级。

1936 年 7 月， 金庸的高小毕业证书。

一九三六年　民国二十五年　十二岁

五月三十一日（农历四月十一），四弟查良钰生。

七月，从海宁县立袁花中心小学高小毕业。成绩年年是班上的第一名。

小学时代读的书中，"得益最多、记忆最深"的，是邹韬奋的《萍踪寄语》《萍踪忆语》及其主编的新、旧《生活周报》。

秋，以第六名考入浙江省立嘉兴初级中学就读。

十二月二十五日，从父亲处获赠圣诞礼物——狄更斯的小说《圣诞述异》，被深深打动。

少年金庸

一九三七年 民国二十六年 十三岁

在初一的一年时间里，读完了学校图书馆三分之一的藏书。学期结束时，取得班上第一名的名次。

十月初，升初二。

十一月上旬，因日本侵略军登陆杭州湾，嘉兴危在旦夕，校长张印通带领无家可归的师生二百余人，以每天数十里的速度，向南流亡。查良镛跟随师友，风餐露宿，历尽苦辛。

十一月二十六日，嘉兴中学师生抵达於潜，借当地小学暂住，上课约两周。

约十二月九日前后，离开於潜，继续向南转移，历经分水、桐庐、芝厦、建德。

十二月底，海宁沦陷。查家的住宅被烧光，经营的钱庄被炸毁，家中的长工、丫头们星散，全家逃过钱塘江。徐禄在逃难途中染病。

是年，祖母黄氏去世。

浙江省立临时联合中学在碧湖广福寺的校园与在小普陀堂的教室（浙江省杭州高级中学提供）

一九三八年 民国二十七年 十四岁

一月一日，嘉兴中学师生到达兰溪，小住三日。此后绕过金华，经永康，过缙云。

一月，嘉兴中学到达丽水县碧湖镇，受命加入青年训练团。

八月十日（农历七月十五），因缺乏医药，无法救治，徐禄病逝于余姚庵东镇。

八月，七所流亡在丽水碧湖的公立学校合并为省立临时联合中学。

九月，升初三，与沈宝新成为同班同学。

是年或次年，读了《鲁滨孙漂流记》后，约了沈德绪等小队同学到距校园九公里由瓯江冲积成的孤岛上野营三天。

是年或次年，患疟疾，其时医药极其匮乏，赖沈德绪日夜陪伴照料，直到一周后病情才好转，再后来完全康复。

初中秋三乙

沈德绪	男	一五	嘉兴	本部
陈秀生	男	一五	天台	本部
查良镛	男	一六	海宁	袁花庵东郡局转
王善鋆	男	一六	吴兴	湖州崔家弄二号
余兆文	男	一六	遂安	遂安金福和号转十三都裏村
周士健	男	一六	诸暨	诸暨十四都
马尚旷	男	一八	嵊县	嵊县长乐马瑞昌号交
马水	男	一七	诸暨	诸暨辅紫圆号
罗梧青	男	一七	诸暨	诸暨庞家埠罗协丰号
赵伯英	男	一七	海宁	本部
邢君俊	男	一七	诸暨	诸暨琊山嶺山
沈元度	男	一六	嵊县	嵊县太平鎮
徐宁	男	一八	武康	本部
同学录		五	吴兴	金华驿头八号

五九

临时联合中学《同学录》中关于金庸的记
载（浙江省杭州高级中学提供）

一九三九年 民国二十八年 十五岁

二月，因"二十七年度第一学期学业成绩在九十分以上"，获得学校奖状。

四月初，在丽水听周恩来演讲。

六月，拍"亚历山大级"毕业纪念照。

七月，毕业于临时联中。

八月，原临时联中分别独立为联高、联初、联师。

秋，以第二名入联高秋季一年级乙班就读。

十二月，因与同学张凤来、马胡荃都有弟妹要投考初中，但找不到合适的参考书，于是搜集材料给他们作为参考。在此基础上，动手编辑《献给投考初中者》一书。

是年下半年或次年上半年，写成《虬髯客传的考证和欣赏》一文，刊在校办的壁报上，得到时任高三国文老师的元曲研究名家钱南扬的赞扬。

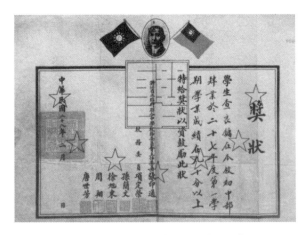

1939 年 2 月，金庸因成绩优异而获得的奖状。

1939 年 7 月，金庸的初中毕业证书。

1939 年 6 月，金庸的初中毕业集体照，后排右一为金庸。（浙江省杭州高级中学提供）

碧湖联合高中校景（浙江省杭州高级中学提供）

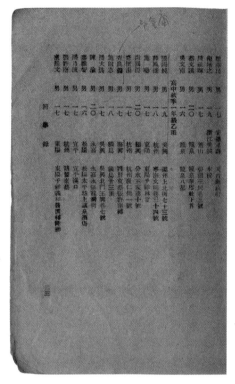

联合高中《同学录》中关于金庸的记载（浙江省杭州高级中学提供）

《献给投考初中者》初版书影

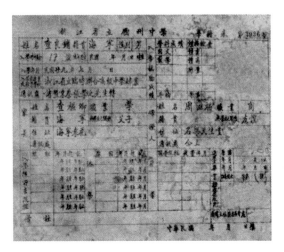

金庸就读于省立衢州中学的学籍卡（第 3936 号）

一九四〇年 民国二十九年 十六岁

五月，与张凤来、马胡蓥合编的《献给投考初中者》出版，印刷者为浙江印刷厂，总售处为丽水碧湖三友社、丽水中正街会文书局。这是查良镛出版的第一本书，问世一年，印行二十次，销量二十万册，为三位编者带来了丰厚的收益。

上半年，在壁报上撰文《阿丽丝漫游记》，借以讽刺深为学生厌恶的训导主任沈乃昌。沈乃昌逼迫校长张印通将查良镛开除出校。

七月，在张印通及友人的帮助下，转到设在衢州石梁镇下静岩村的衢州中学继续读书。

与王浩然、江文焕成为好友，教会王浩然下围棋。王浩然回忆："高中二年级开学不久，来了个插班生，住到我们宿舍。这少年，中等身材，天庭饱满，方脸阔嘴，戴一副银边眼镜，左肩挂大行囊，右腋夹一书包，双手捧的却是黑白分明的两盒围棋，这点爱好总如影随形跟着他。金庸的为人处世也很可称道，内敛、稳重、正派、儒雅，转学不久，就被选为一班之长。金庸也是一名体育运动爱好者，篮球、排球、跑步、游泳等都很投入，但他从没有玩物丧志。"

约是年，与沈德绪共同资助从家里逃婚出来的朱帼英入学读书。

学生轮流出壁报，是联合高中的传统之一。这是1937年3月，联高前身之一浙江省立杭州高级中学的第一六一期校刊中关于出版壁报的记载。（浙江省杭州高级中学提供）

约是年，查枨忠与原先的家中丫鬟顾秀英（1913—1989）结婚。

一九四一年　民国三十年　十七岁

五月中旬，日军在衢州进行细菌战导致的鼠疫大流行达到高峰。查良镛回忆："当时我是高中二年级，同班有一个同学体育健将毛良楷君染上鼠疫，全校学生校工等立刻逃得干干净净。毛君躺在床上只是哭泣，班主任姜子璜老师拿钱出来，重金雇了两名农民抬毛君进城，送上江中的一艘小船。我是班长，心中虽然害怕，但义不容辞，黑夜中只得跟在担架后面步行，直至江边和毛君垂泪永别。回到学校，和姜老师全身互泼热水，以防身上留有传染鼠疫的跳虱。战争期间，唯一自觉有点勇敢的事就只这么一件。"

衢州中学教授科目有公民、体育、国文等十五门，全班同学平均分以六七十分居多，查良镛则为八十二点九分，全班第一。

九月四日，在《东南日报》副刊"笔垒"发表《一事能狂便少年》，署名查理。

九月，升高三。

十月十日，在全校举行的双十节文艺会演中，自己编导并主演英语话剧《月亮升起》（*Rising of the Moon*）。

十月二十八日（农历九月初九），查枢忠、顾秀英之子查良钺生。此后，又生子查良楠（1943）、女查良敏（1944）、女查良琪（1947）、子查良炳（1949）、子查良根（1951）。

十一月十五日，训育主任杨筠青因干涉学生自治会召开的要求学校查办事务员傅某贪污行为等问题的全体学生大会，引发激烈冲突。

其后，杨筠青宣布开除八名学生，导致学潮发生。衢州专署警备司令部派兵进驻学校。学校停课，学生离校，两周后回校复课。查良镛因积极参与学潮，被列入"过激学生"名单。

十二月七日，在《东南日报》副刊"笔垒"版发表《人比黄花瘦——读李清照词偶感》，署名查理。

一九四二年 民国三十一年 十八岁

五月底，衢州成为日军主要进攻目标。衢州中学向山区转移，毕业班提前毕业。

五月底六月初，去江山县探望《东南日报》副刊"笔垒"编辑陈向平。

随后，与江文焕、王浩然、黄文俊、吴汝榕、程正迦、程正返、朱卿云七人结伴西行，计划到大后方报考西南联大。先坐火车到江西贵溪，因暴雨引起山洪，冲毁路基，火车停开，又从山路步行到南丰。除了查良镛，全部病倒，在一户人家借住五日。在南丰，听说南城县刚刚陷落（六月十二日）。

约六月十八日左右，与同行者分袂，去长沙找老同学。

八月三十日，陈向平在《东南日报》副刊"笔垒"发表与查良镛文章同题的《千人中之一人》，记述二人会面的经过，并说："我在他言谈举止之间，看见了大时代中生长着的新中国新青年的模型。"

九月三至八日，在《东南日报》副刊"笔垒"分五期连载六千字长文《千人中之一人》，署名查理。

冬，几经辗转，未能赶上考期，到湘西的一个同学家住下，并受委托开办农场，经营得很成功。

一九四三年　民国三十二年　十九岁

夏，离开湘西，赴重庆参加高考。被西南联大等校录取，但因查良镛无钱支付各种开支，遂入中央政治学校外交系就读。因为想游历外国，便有了做外交官的理想。

是年或次年，写泰国华侨生活的短篇小说《白象之恋》在重庆市政府的征文比赛中获二等奖。

是年或次年，与几个同学不满于宣传投降论调的陶希圣的演讲，在其第二次演讲之前，将岳坟前"青山有幸埋忠骨；白铁无辜铸佞臣"一联书于黑板。陶希圣见后遂不再提。

就读期间，对校长蒋介石的印象是"非常严肃"，"曾任财政部长的孔祥熙教书时却很风趣……有一次孔祥熙演讲完，对同学说'对不起，我想小便'，就神态自若地在司令台一角小便起来"。教师中钱穆以无锡方言授课，同学们听不懂，查良镛则在台下同步翻译。

一九四四年 民国三十三年 二十岁

夏，大一读完，全校总成绩最高。

秋，目睹国民党的职业学生殴打不听命令的学生，向校方投诉，被勒令退学。

此后，通过时任中央图书馆馆长的表兄蒋复璁的关系在图书馆阅览组挂职，任干事。管理图书的同时集中读了大量西方文学作品，包括英文原著《撒克逊劫后英雄略》，并用英法文参看《侠隐记》《基度山恩仇记》。查良镛说，《侠隐记》对他影响极大，自己写武侠小说，也可说受其启发。

一九四五年 民国三十四年 二十一岁

二月二十日，《太平洋杂志》（月刊）第一期出版，查良镛负责编辑，张凤来负责发行，发行所为太平洋出版社。第一期刊有查良镛以"查理"为笔名所写的《发刊词》与长篇小说《如花年华》第一章。封底"本社新书预告"二种，第一种为《基度山伯爵》（全译本），大仲马原作，查良镛译，并注明"本书第一册在印刷中"。

《太平洋杂志》第一期首印三千册销完后，第二期因警声合作社印刷部不同意赊账，未能印出。

五月，与中学同窗余兆文赴湘西沅陵，仍经营农场。

八月八日，致函湖南大学校长胡庶华："……恳请先生准予在贵校借读以成生负笈后方之志……如蒙允许，生愿受严格之编级试验，或请准予暂在四年级第一学期试读，如成绩不及格可即予开除，但求能赐予一求学机会……自知所请于贵校规定或有未合，惟请先生体念陷区学生环境之特殊、情况之艰苦，准予通融借读或试读……"并提及为求学辗转突破日军三道防线的艰难经历。十二日，校方批复"关于借读需向教部请求分处，本校不能直接收容"，十六日核签，十八日胡庶华签字。

《太平洋杂志》第一期（重庆图书馆藏）

八月十五日，日本宣布无条件投降。

其后，继续经营农场。

青年金庸（浙江省档案馆藏）

一九四六年　民国三十五年　二十二岁

七月，从湖南沅陵返乡。不久，去凭吊两年前去世的舅父徐申如。

十月，《献给投考初中者》"胜利后增订一版"由广州南光书店出版。一九四八年一月，推出"三十七年一月最新版"；一九四九年三月，推出"三十八年最新版"。

秋，在笕桥国民党空军军官学校看女高音歌唱家蒋英的演出。蒋英为军事学家蒋百里之女，论亲缘为查良镛表姐，但二人不算相识，蒋英直至晚年方知此层关系。

十一月二十二日，经上海《东南日报》副刊主编陈向平推荐，进入杭州《东南日报》当外勤记者，主要工作是收听英文广播，编译成国际新闻。

十一月二十七日，开始在杭州《东南日报》副刊《东南风》主持"信不信由你"栏目，署名查理，刊出第一至四则。

十二月四日，在杭州《东南日报》副刊《东南风》主持"信不信由你"栏目，刊出第五至七则。

十二月五日，在杭州《东南日报》发表译文《英国最近的外交政策》（斯蒂特原作），署"查良镛译"。

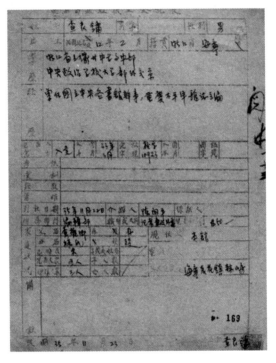

金庸填写的东南日报社职工登记表（浙江省档案馆藏）

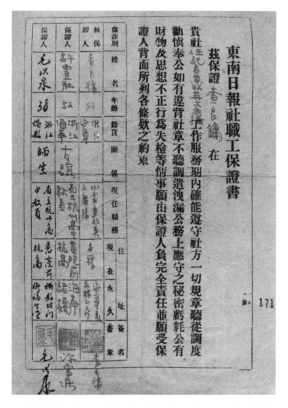

金庸填写的东南日报社职工保证书（浙江省档案馆藏）

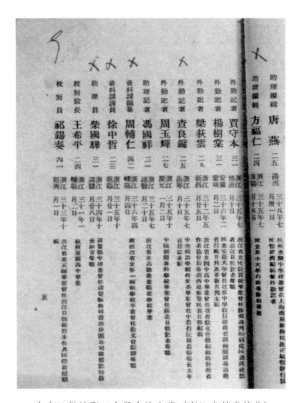

东南日报社职工名册中的金庸（浙江省档案馆藏）

十二月六日，在杭州《东南日报》青年版发表《访问东方的剑桥大学——浙江大学》，署名查良镛。

十二月九日，在杭州《东南日报》副刊《东南风》主持"信不信由你"栏目，刊出第八至十一则。

十二月十日，在杭州《东南日报》副刊《东南风》发表《死人做主席》，署名查理。

十二月十二日，在杭州《东南日报》副刊《东南风》主持"信不信由你"栏目，刊出第十二至十五则。

十二月十三日，在杭州《东南日报》副刊《东南风》主持"信不信由你"栏目，刊出第十六至十七则。

十二月十四日，在杭州《东南日报》副刊《东南风》主持"信不信由你"栏目，刊出第十八至二十则。

十二月十九日，在杭州《东南日报》副刊《东南风》主持"信不信由你"栏目，刊出第二十一至二十五则。

是年或次年，想进浙江大学读硕士学位，因经济问题不能放弃记者的职业而未读成，但一直铭记着浙大校长竺可桢对他说的话："一个人求学问不一定要有学位，在哪里都可以做学问；第二，做学问也是为了服务社会，你现在当记者也是一样的。"

一九四七年 民国三十六年 二十三岁

一月十日,在杭州《半月新闻》创刊号发表《日本赔偿问题》,署名查良镛。

一月十四日,在杭州《东南日报》副刊《东南风》主持"信不信由你"栏目,刊出第二十六至三十则。

一月十六日,在杭州《东南日报》副刊《东南风》主持"信不信由你"栏目,刊出第三十一至三十二则。

同日,在《时与潮》半月刊第二十五卷第五期发表译文《西伯利亚的神秘城》(Victor A.Kraochenko 原作),署"查良镛译"。

一月二十八日,在《东南日报》发表译文《四强外长代表会议——与世界和平》(伦敦《泰晤士报》记者斯蒂特原作),署"查良镛译"。

二月一日,在《时与潮》半月刊第二十五卷第六期发表译文《苏联也能制造原子弹》(Willian Van Narvig 原作),署"查良镛译"。

二月十六日,在《时与潮》半月刊第二十六卷第一期发表译文《五国和约的检讨》(T.E.M.M. 原作),署"查良镛译"。

二月二十一日,在杭州《东南日报》副刊《东南风》主持"信不信由你"栏目,刊出第三十三至三十六则。栏目凡十期,至此结束。

三月四日，在杭州《东南日报》发表《汤山采石记》，署名查良镛。

三月十六日，在《时与潮》半月刊第二十六卷第三期发表译文《美国的通货膨胀与物价管制》（P.B. 原作），署"查良镛译"。

三月二十四日，在杭州《东南日报》发表《马歇尔在苏京会议》，署"查良镛译"。

四月一日，在《时与潮副刊》第七卷第四期发表译文《戒不戒烟由你》（M.F.Ashley Montague 原作），署"查良镛译"。

四月十二日，在杭州《东南日报》副刊《东南周末》主持"咪咪博士答客问"栏目，为读者解难释疑。第一期署名宜。

四月十九日，在杭州《东南日报》副刊《东南周末》主持"咪咪博士答客问"栏目。从第二期开始，署名镛。

四月二十六日，在杭州《东南日报》副刊《东南周末》主持"咪咪博士答客问"栏目。

五月一日，在《时与潮》半月刊第二十六卷第六期发表译文《马来亚的民族主义》（P.T.Bauer 原作），署"查良镛译"。

同日，在《时与潮副刊》第七卷第五期发表译文《人间的天堂——瑞典》（*Magazine Digest* 载）、《心理学家论政治》（Dr.W.Beran Wolfe 原作）、《万能衣

咪咪博士答客問　铺

自上期答客問發表後，敝博士造接各方來函，詢問問題，惟以篇幅有限，各信中僅能選擇二三題作答。

一、離婚的主要原因是什麼？

答：結婚。

二、英王喬治六世加冕在什麼地方？

答：加在他的頭上。

三、英文「褲子」這字在文法上是什麼名詞？

答：特別名詞，因爲它上面是單數，下面是複數。

四、沙士比亞名劇「哈姆萊脫」的第四幕是怎樣開揚的？

答：「哈姆萊脫」的第三幕一演完，第四幕就開揚了。（以上本市李君問）

五、「敎師」是一種什麼東西？

答：屬哺乳動物靈長類人科，其主要食料爲粉筆灰。

六、人不吃飯而仍能生活，有何法子？

答：吃牛肉，牛乳，鷄蛋及維他命丸等物。（以上自稱笨朋友之杭縣王君問）

七、膚問醫治牙痛有何妙法？

答：嘴中含一口冷水，去坐在火爐上，等口中的水滾了，牙痛自然而愈。

八、日蝕時有何景象？

答：有許多多人出來看。

九、水的三態是什麼？

答：熱水。冷水。溫水。

十、本校最近發現靈芝，其形如雨傘，而其他菌類亦然，因爲這些東西都生在潮濕地方，潮濕地方需用雨傘方，（以上之江大學理學院張君問）

1947 年 4 月 19 日，"咪咪博士答客问"栏目从第二期开始，署名铺。（赵跃利提供）

SHIH YU CHAO

刊副潮与時

本社成立九週年紀念號

愈少愈好 ★ 關於字
人間的天堂 ★ 彗星
蕭伯納訪問記 ★ 原子治療
櫻花開了的時候 ★ 一九四七年的新星
美國兵與日本「蝴蝶」
性教育應否在學校中實施？
萬能衣服 ★ 原夢 ★ 科學新訊
你要什麼樣天氣？
你怎樣飛上月球？
張作霖父子與田中奏摺之謎

一九四七

版出社潮与時

《时与潮副刊》第七卷第五期书影。金庸在
这一期以本名、查理、白香光三个署名发表了三
篇译文。（彭伟提供）

服》（*Magazine Digest* 载），分别署"查良镛译""查理译""白香光译"。

五月三日，在杭州《东南日报》副刊《东南周末》主持"咪咪博士答客问"栏目。

五月十日，在杭州《东南日报》副刊《东南周末》主持"咪咪博士答客问"栏目，发表《犹太人》，署名查理。

五月十六日，在《时与潮》半月刊第二十七卷第一期发表《美国梦想着帝国》（Jacob Viner 原作），署名白香光。

五月十七日，在杭州《东南日报》副刊《东南周末》主持"咪咪博士答客问"栏目。

五月十九至二十一日，在上海《东南日报》副刊"长春"分三期刊载随笔《"愿……"》，写中外文学作品中关于希望成为意中人随身使用的器物一类的情诗，署名查良镛。

五月二十四日，在杭州《东南日报》副刊《东南周末》主持"咪咪博士答客问""看你聪明不聪明"栏目。"看你聪明不聪明"栏目署名宜。

五月三十一日，在杭州《东南日报》副刊《东南周末》主持"咪咪博士答客问""看你聪明不聪明"栏目，发表《自由职业者》，署"香光辑译"。

六月一日，在《时与潮副刊》第七卷第六期发表译文《胖子与瘦子》（Clendening M.D. 原作），署"查良镛译"。

六月七日,在杭州《东南日报》副刊《东南周末》主持"咪咪博士答客问""看你聪明不聪明"栏目。

六月十四日,在杭州《东南日报》副刊《东南周末》主持"咪咪博士答客问""看你聪明不聪明"栏目。

六月十八日,在杭州《东南日报》发表《记空校演唱会》,署名查良镛。

六月二十一日,在杭州《东南日报》副刊《东南周末》主持"咪咪博士答客问""看你聪明不聪明"栏目。

六月二十八日,在杭州《东南日报》副刊《东南周末》主持"咪咪博士答客问""看你聪明不聪明"栏目,发表《古文观止》,署"香光辑"。

七月一日,在《时与潮》半月刊第二十七卷第四期发表译文《美苏就要开战吗?》(C.L.Sulzberger原作),署"查良镛译"。

同日,在《时与潮副刊》第八卷第一期发表译文《鱼多聪明》(Frank W.Lane原作)、《原子时代的眼睛》(Samuel Burger原作),分别署"白香光译""查理译"。

七月五日,在杭州《东南日报》副刊《东南周末》主持"咪咪博士答客问""看你聪明不聪明"栏目,发表《成人的游戏》(一),署名白香光。"看你聪明不聪明"栏目凡七期，至此结束。

七月十二日，在杭州《东南日报》副刊《东南周末》主持"咪咪博士答客问"栏目，发表《成人的游戏》(二)。

七月十九日，在杭州《东南日报》副刊《东南周末》主持"咪咪博士答客问"栏目，发表《成人的游戏》(三)。栏目凡十五期，至此结束。

七月二十六日，在杭州《东南日报》副刊《东南周末》发表《萧翁的理论》，署名宜。

七月三十一日，在杭州《东南日报》副刊《东南风》主持"咪咪录"栏目，署名镛。

夏，在登门访问小读者杜冶秋时对其姐杜冶芬一见钟情，随即开始追求。

六七月间，《大公报》上海馆公开招聘三名翻译，应征总人数达一〇九名。查良镛报考。经笔试口试，查良镛、蒋定本、李君维三人录取，张契尼等三人名列备取。

其间，通过时任上海市法院院长、并在东吴大学法学院做兼职教授的堂兄查良鉴的关系，以及自己在中央政治学校的学历，进入上海东吴大学法学院插班修习国际法。

八月一日，在《时与潮副刊》第八卷第二期发表译文《"天下一家"的建筑师》(Allen Churchill 原作)，署"查良镛译"。

八月，在杭州《东南日报》副刊《东南风》主持"咪咪录"栏目，共计二十三期。

九月一日，在《时与潮》半月刊第二十八卷第二期发表译文《英国的危机》(C.Hartley Grattan 原作)，署"查良镛译"。

九月三、四、五、七日，在杭州《东南日报》副刊《东南风》主持"咪咪录"栏目第二十五至二十八期。

九月八日，在杭州《东南日报》副刊《东南风》主持"咪咪录"栏目第二十九、三十合期。

九月九至十二、十四、十六至十九日，在杭州《东南日报》副刊《东南风》主持"咪咪录"栏目第三十一至三十九期。

九月二十一日,在杭州《东南日报》副刊《东南风》主持"咪咪录"栏目第四十期，发表《基督会议外国代表群像》（上），署名查理。

九月二十二日,在杭州《东南日报》副刊《东南风》发表《基督会议外国代表群像》（下）。

九月二十三、二十四日，在杭州《东南日报》副刊《东南风》主持"咪咪录"栏目第四十一、四十二期。

九月二十五日，在杭州《东南日报》副刊《东南风》主持"咪咪录"栏目第四十三、四十四合期。

九月二十六、二十八、三十日，在杭州《东南日报》副刊《东南风》主持"咪咪录"栏目第四十五至四十七期。

十月一日，在《时与潮》半月刊第二十八卷第四期发表译文《维持和平的神秘武器》（Caleb B.Laning、Robert A. Heinlein 原作），署"查良镛译"。

同日，在《时与潮副刊》第八卷第四期发表译文《容忍·厌恶与爱好》（St. John Ervine 原作）、《为什么罢工？》（Peter F. Drucker 原作），分别署"查良镛译""查理译"。

十月一至三日，在杭州《东南日报》副刊《东南风》主持"咪咪录"栏目第四十八至五十期。栏目结束。

十月六日，向杭州《东南日报》总编辑汪远涵等递交报告，申请"准予赐请长假"，"拟至上海东吴大学法学院研究两年"。经"慰留"，同日再次递交报告，终得照准。

十月十六日，在《时与潮》半月刊第二十八卷第五期发表译文《右派的自由主义》（Dorothy Thompson 原作），署"查良镛译"。查良镛为本期编辑。

十月十九、二十、二十二、二十三日，在杭州《东南日报》分四期发表 Donald Ogden Sletvarf 原作译文《求爱的礼节》署"白香光译"。

十月底，进入《大公报》上海馆开始工作。

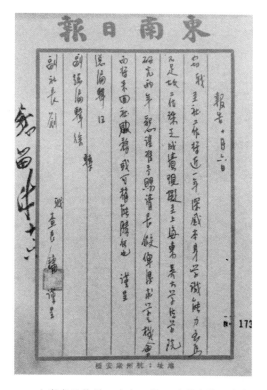

金庸离开杭州《东南日报》时递交的两份报告之一（浙江省档案馆藏）

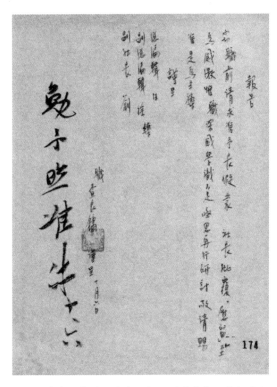

金庸离开杭州《东南日报》时递交的两份报告之
二（浙江省档案馆藏）

十一月一日，在《时与潮》半月刊第二十八卷第六期发表译文《苏联陆地战略的秘密》（*Time* 载）、《如何避免第三次世界大战》、《莫洛托夫的左右手》（Alexander Kendrick 原作），分别署"白香光译""宜孙节译""查良镛译"。查良镛为本期编辑。

同日，在《时与潮副刊》第八卷第五期发表译文《SVP——万能服务处》（法国杂志载）、《电脑》（*Magazine Digest* 载）、《了解你的头发》（John E. Gibson 原作）、《铝是一种新药吗？》（*Revue de L Aluminium* 载），分别署"白香光译""宜孙译""查理译""查良镛译"。查良镛为本期编辑。

十一月十六日，在《时与潮》半月刊第二十九卷第一期发表译文《强权政治即是战争》（Laski 原作）、《美国物价高涨与对策》（*New York Times* 载）、《苏联粮食丰收》（Hang Schwartz 原作），分别署"查良镛译""查理译""宜孙译"。查良镛为本期编辑。

十一月二十日，《大公报》内部刊物《大公园地》复刊第十四期《人事记载简报（十月）》"沪馆"："入馆职员：文书课助理员陈怀园，翻译蒋定本、查良镛、李君维、胡昌复。"

十二月一日，在《时与潮》半月刊第二十九卷第二期发表译文《英国能挺过冬天吗？》（*World Report* 载）、《中美贸易衰退》（*World Report* 载）、《英

《时与潮》半月刊第二十九卷第三期书影。
金庸在这一期以本名、宜孙、白香光、查理四
个署名发表了四篇译文。

国议会做些什么？》（C.E.M.Joad 原作），分别署"查良镛译""宜孙译""查理译"。查良镛为本期编辑。

同日，在《时与潮副刊》第八卷第六期发表译文《我怎样写畅销书？》（Peter Cheyney 原作），署"查良镛译"。

十二月五日，在《大公园地》复刊第十五期刊发《自扁其说录》。

十二月十六日，在《时与潮》半月刊第二十九卷第三期发表译文《资本主义与世界和平》（Harold J.Laski 原作）、《社会主义与共产主义》（Margaret Marshall 原作）、《巴勒斯坦怎样分治》（*World Report* 载）、《法国饥馑的原因》（*World Report* 载），署"查良镛译""宜孙译""白香光译""查理译"。

是年或是年前后，读到汤恩比（A.Toynbee）《历史研究》（*A Study of History*）节本，深为折服。查良镛说："这本书越是读下去，心中一个念头越是强烈：我如能受汤恩比博士之教，做他的学生，此后一生即使贫困潦倒、颠沛困苦，甚至最后在街头倒毙，无人收尸，那也是幸福满足的一生。"

一九四八年　民国三十七年　二十四岁

一月一日，在《时与潮》半月刊第二十九卷第四期发表译文《日本对和会要求的秘密文件》（*World Report* 载）、《日本天皇的命运》（*World Report* 载），分别署"查良镛译""宜孙译"（内页注为"白香光译"）。

一月十六日，在《时与潮》半月刊第二十九卷第五期发表译文《苏联物资的缺乏》（*World Report* 载）、《苏联的经济新措施》（C.L.Sulzbeerger 原作）、《法国总理许曼》（Harold Callender 原作），分别署"宜孙译""查理译""查良镛译"。

二月一日，在《时与潮》半月刊第二十九卷第六期发表译文《去年的世界动态》（John Deomond 原作）、《美国要从援欧中索取的战略原料》（*World Report* 载），分别署"查良镛译""查理译"。

同日，在《时与潮副刊》第九卷第二期发表译文《预言家》（Richard Massie 原作），署"查良镛译"。

二月十六日，在《时与潮》半月刊第三十卷第一期发表译文《美国的防御战略》（Hanson W.Baldwin 原作）、《苏联的攻击战略——如何对付苏联的攻击》（*World Report* 载）、《美国财长史奈德》（*Observer* 载），分别署"查良镛译""查理译""白香光译"。

三月一日，在《时与潮》半月刊第三十卷第二期发表译文《"天下一家"的困难》（W.Lippmann 原作）、《史达林与希特勒的外交秘密——纳粹秘密文件泄露了希特勒与史达林的关系》（John Desmond、Allan Taylor 原作），分别署"查良镛译""查理译"。

同日，在《时与潮副刊》第九卷第三期发表译文《英国报业现况》（Lord Camrose 原作），署"查良镛译"。

三月十六日，在《时与潮》半月刊第三十卷第三期发表译文《世界政府在七年后成立？》（James Avery Joyce 原作）、《被欺骗的贝奈斯》（Hal Lehrman 原作）、《"文件战争"的苏联反攻》（*World Report* 载），分别署"查理译""白香光译""宜孙译"。

三月前，草草毕业于东吴大学法学院。

三月三十日，受命飞往香港，加入刚复刊的香港《大公报》。港馆情形一切简陋，工作也辛苦。先是协助谭文瑞编辑国际新闻版，中午吃饭，下午睡觉，晚上工作。

约四月六日，写《来港前后》。

四月十八日，在香港《大公报》发表译文《东西之间的义大利》，署"查良镛译"。

四月二十五至二十七日，在香港《大公报》分上中下三期发表译文《英国有多强？》，署"查良镛

在《大公园地》第十九期刊发的《来港前后》

译"。

五月五日，在《大公园地》复刊第十九期刊发《来港前后》，署名查良镛。

五月十五、十六日，在香港《大公报》分上下两期发表译文《苏联的力量》，署"查良镛译"。

五月十九日，在香港《大公报》发表《苏联十四人》，署名宜孙。

五月二十二日，在香港《大公报》发表《市政的进步》，署名良镛。

五月二十五日，在香港《大公报》发表译文《简洁新闻》，署"良镛译"。

六月一日，在《时与潮》半月刊第三十一卷第二期发表译文《苏联会发生革命吗？》（A.Baikaloff 原作），署"查理译"。

六月四日，在香港《大公报》发表《不需要美国援助的四个欧洲小国》，署名查理。

六月十一日，在香港《大公报》发表《牧童·戏子·锻工·参议院》，署名查良镛。

六月二十五日，在香港《大公报》发表译文《美国的议员们》，署"查良镛译述"。

七月一日，在《时与潮副刊》第十卷第一期发表译文《自然界的最大奇迹》（J.D.Rakcliff 原作），署"白香光译"。

七月二日，在香港《大公报》发表《三强的兵力》，署"宜译"。

七月四日，在香港《大公报》发表《笑话而已》，署名小渣。

七月七日，在香港《大公报》发表《何必做总统》，署名良镛。

七月十二日，在香港《大公报》发表《费城种种》，署名小喳。

七月十六日，在香港《大公报》发表《贝那杜特伯爵》，署名小喳。

七月二十三日，在香港《大公报》发表《贝方》，署名良镛；同日开始连载《世运前奏曲》，署"良镛辑译"。

七月二十六日，在香港《大公报》发表《港穗间的贸易》，署名小查。

七月二十九日，《世运前奏曲》连载完毕，共七篇。

七月三十日，在香港《大公报》发表《世运比赛项目漫谈》，署名良镛。

八月二日，在香港《大公报》发表《世运漫谈》，署名查理。

八月六日，在香港《大公报》发表《世运会的摔角》，署名小查。

八月十五日，在香港《大公报》发表《世运漫谈》，署名小查。

八月二十六日，在香港《大公报》发表《棒球大王比俾罗夫》，署名查理。

约八月，到杭州向杜冶芬求婚，获准。

九月四、五日，在香港《大公报》发表译文《体育逸话》，署"宜译"。

九月六日，在香港《大公报》开始连载冷扬（Damon Runyon）短篇小说《记者之妻》译文，署"白香光译"。

九月七日，在香港《大公报》发表译文《体坛逸话》，署"宜译"。

九月十二日，《记者之妻》连载完毕，共七篇。

九月十三日，在香港《大公报》发表译文《香港的自由贸易》，署"徐宜孙译"。

九月二十六日，在香港《大公报》发表《二十六个字母的秘密》，署名白香光；同日发表《稀奇古怪的死》，署名小渣。

十月二日，与杜冶芬在上海衡山路国际礼拜堂举行婚礼。

不久，偕同杜冶芬回香港工作。

十一月十五日，在香港《大公报》发表译文《赛珍珠谈中国米价》，署"镛译"。

十一月二十三至二十八日，在《大公报》连载

金庸与杜冶芬的结婚照

金庸婚礼照

冷扬短篇小说《会一会总统》译文,署"白香光译"。

十一月二十九日,在香港《大公报》发表译文《本年诺贝尔化学物理奖金的获得者》,署"小查辑译"。

十二月十日,在香港《大公报》连载译文《我怎样成为拳王——乔路易自传》,署"镛译"。译自本年十一月八日起的美国《生活画报》。

十二月十三日,在香港《大公报》发表《论美军登陆护侨》,署名查良镛。

十二月二十日,在香港《大公报》发表《为美最高法院担忧》,署名良镛。

一九四九年 民国三十八年 二十五岁

一月六日，在香港《大公报》发表译文《杜鲁门的新政》，署"查良镛译"。

一月二十六日，在香港《大公报》发表《以色列开国第一次普选》，署名良镛。

二月十日，在香港《大公报》发表《砥柱中流的挪威共产党》，署名良镛。

二月十五日,在香港《大公报》发表《夫妇之间》,署名小渣。

二月二十四日，在香港《大公报》发表《艰苦卓绝的丹麦共产党》，署名查理。

二月二十八日、三月一日，在香港《大公报》分两期发表《矗立在逆流中的法国共产党》，署名查理。

三月五日，在香港《大公报》发表《最完美的容貌》，署名香光。

三月十六日,《我怎样成为拳王——乔路易自传》连载完毕，共四十七篇。

三月十七日，在香港《大公报》发表《领导人民反对美帝奴役的义大利共产党》，署名查理。

三月二十六日，在香港《大公报》发表《老婆守则》，署名白香光。

《献给投考初中者》书影

三月，南光书店推出《献给投考初中者》，这应是此书的最后一版。

四月十六日，在香港《大公报》发表译诗《恋爱读本之一：袋里只有五毫子》，署"香光译"。

四月十九、二十日，在香港《大公报》分两期发表《挟原子弹以横行天下》，署名查良镛。

四月二十日，在香港《大公报》发表译文《美式民主笑话》，署"白香光译"。

四月二十一日，在香港《大公报》发表《听不到那些话了》，署名查良镛，纪念一周前去世的胡政之。

四月二十八日及五月十三、十五、十七日，在香港《大公报》发表译文《美式民主笑话》，署"白香光译"。

五月十六、十七日，在香港《大公报》分两期发表《国虽大，好战必亡》，署名查良镛。

五月二十九、三十一日，在香港《大公报》分两期发表译文《对作家的嘲笑》，署"光译"。

六月十一至十三日，在香港《大公报》分三期发表译文《艾斯勒论德国问题》，署"查理译"。

六月十六日，在香港《大公报》发表译文《政客》，署"光译"。

六月十七日，在香港《大公报》发表译文《编辑与记者》，署"光译"。

六月二十五、二十六日，在香港《大公报》分两期发表《从国际法看新中国政府的承认》，署名查良镛。

七月六、七日，在香港《大公报》分两期发表《分析蒋党的封锁》，署名查良镛。

七月十三日，在香港《大公报》发表《澳洲共产党》，署名查理。

七月二十八日，在香港《大公报》发表《伟大的无产阶级作家涅克索》，署名查良镛。

八月五日，在香港《大公报》发表《不健康的政治人物》，署名查理。

九月十五、十六日，在香港《大公报》分两期发表《苏联对华政策的基础——从史实文件看中苏关系之一》，署名查良镛。

九月二十四、二十六、二十八日，在香港《大公报》发表《拉铁摩尔论白皮书》，署"镛译"。

九月二十五、二十六日，在香港《大公报》分两期发表《中苏缔交经过——从史实文件看中苏关系之二》，署名查良镛。

九月，接替谭文瑞主编国际版的职务。

十月十二至十四日，在香港《大公报》分三期发表《绝交·九一八·复交——从史实文件看中苏关系之三》，署名查良镛。

十月二十三至二十五日，在香港《大公报》分三期发表《抗战初期的蒋介石与苏联——从史实文件看中苏关系之四》，署名查良镛。

十一月十八日、二十日，在香港《大公报》分两次发表六千字长文《从国际法论中国人民在国外的产权》，署名查良镛，论证新中国政府有权拥有旧中国政府在国外的产权。此文引起了著名法学家梅汝璈的关注。

十二月十日，在香港《大公报》发表《最近几桩涉外事件》，署名查良镛。

一九五○年 二十六岁

一月十、十一日,在香港《大公报》分两期发表《真正的朋友》,署名查良镛。

二月十二、十三日,在香港《大公报》分两期发表《试论废除旧约的根据》,署名查良镛。

年初,应新中国外交部顾问梅汝璈之邀,赴北京外交部谋职。此行得见外交部政策委员会副主任乔冠华、主任秘书杨刚,但终因出身和家庭背景关系未能成功。

去上海接先回娘家的杜冶芬同回香港,但杜冶芬无法适应香港的生活,不愿南下。经再三规劝,始行。

返港后,因费彝民反对,差点被《大公报》拒之门外。经罗孚等人协调,才重回岗位。

六月十二日,在香港《大公报》发表《近代国际关系史》,署名良镛。

七月一日,在香港《大公报》发表《反动报纸宣传侵略有罪》,署名良镛。

七月,经查良镛主考,英文合格,陈文统入职香港《大公报》做翻译。

九月四日,在香港《大公报》发表《世界名导演蒲多符金》,署名白香光。

不久，杜冶芬再回上海，从此再未回香港。

十月，香港《大公报》创办子刊《新晚报》。查良镛开始在《新晚报》连载美国记者贾克·贝尔登（Jack Belden）的长篇纪实报道《中国震撼着世界》（*China Shakes The World*）译文，署名乐宜。

秋，在北京住了一段时间。

十一月十三、十四日，在香港《大公报》分两次发表《从国际法论援朝志愿部队》，署名查良镛。

十一月二十六日，在香港《大公报》发表译文《百年的干涉》，署"镛译"。

在《大公报》期间，金庸（后排左二）是篮球队的主
力球员，后排左三为陈凡。（百剑堂主）

一九五一年 二十七岁

一月二十七日，在香港《大公报》发表译文《瓦维洛夫谈他的工作》，署"镛译"。

二月一、二日，在香港《大公报》分两期发表《国际札记》，署名良镛。

四月二十六日，查枢忠以"抗粮、窝藏土匪、图谋杀害干部罪"在袁花镇龙头阁小学操场被处决。

五月八日，在《新晚报》以"姚馥兰"为笔名开设"馥兰影话"专栏，首篇为《几度山恩仇记》。

九月二十二日，《中国震撼着世界》连载结束。

十月二十二至二十九日，在《新晚报》分八期连载译文《朝鲜美军被俘记》，署名乐宜。原载于美国《星期六晚邮报》，记者哈罗德·马丁（H.Martin）撰写。

译作《中国震撼着世界》书影

一九五二年 二十八岁

一月十七日，在《新晚报》开始连载英国记者R.汤姆逊(Reginald William Thompson)的长篇纪实报道《朝鲜血战内幕》（*Cry Korea*）译文，署名乐宜。

三月，在《长城画报》第十四期发表《谈看电影》，署名姚馥兰。

三月，译作《中国震撼着世界》（上册）由香港文宗出版社出版，署名乐宜。卷首有译者《前言》，正文为第一至八章，共三十五篇。

四月，译作《中国震撼着世界》（下册）由香港文宗出版社出版。正文为第九至十三章，共二十三篇。

四月，在《长城画报》第十五期发表《电影的观众》，署名姚馥兰。

五月，在《长城画报》第十六期发表《什么是好片子》，署名姚馥兰。

六月前，被调到《新晚报》编副刊《下午茶座》"馥兰影话"专栏，署名姚馥兰。这是以一个女性的身份来写影评，以冲淡副刊男性化过重的氛围。由于工作需要，几乎一天看一部电影，写了大量影评，同时，大量阅读电影与艺术的理论书以为恶补。

六月一日，在《新晚报》副刊《下午茶座》"馥兰影话"专栏发表《魔石神合》。

金庸以"姚馥兰"这一女性化的笔名，在《新晚报》
开辟"馥兰影话"专栏。（赵跃利提供）

六月二日，在《新晚报》副刊《下午茶座》"馥兰影话"专栏发表《娘惹》。

六月五日，在《新晚报》副刊《下午茶座》"馥兰影话"专栏发表《相逢有日》。

同日，《朝鲜血战内幕》连载结束。

六月六日，在《新晚报》副刊《下午茶座》"馥兰影话"专栏发表《歌王艳史的真实性》。

同日至七月二日，在《新晚报》发表丹蒙·伦扬小说译文《马场经纪》《神枪大盗》《开夹万专家》，署"温华篆译"。

六月七日，在《新晚报》副刊《下午茶座》"馥兰影话"专栏发表《东非抗敌记》。

六月九日，在《新晚报》副刊《下午茶座》"馥兰影话"专栏发表《历尽沧桑一美人》。

六月十日，在《新晚报》副刊《下午茶座》"馥兰影话"专栏发表《尊哈斯顿》。

六月十一日，在《新晚报》副刊《下午茶座》"馥兰影话"专栏发表《意大利浴血战》。

六月十三日，在《新晚报》副刊《下午茶座》"馥兰影话"专栏发表《血泊飞车》。

六月十六日，在《新晚报》副刊《下午茶座》"馥兰影话"专栏发表《糊涂球太子》。

六月十七日，在《新晚报》副刊《下午茶座》

"馥兰影话"专栏发表《再谈〈历尽沧桑一美人〉》。

六月十八日，在《新晚报》副刊《下午茶座》"馥兰影话"专栏发表《剑胆琴心》。

六月二十一日，在《新晚报》副刊《下午茶座》"馥兰影话"专栏发表《答一位读者》。

六月二十三日，在《新晚报》副刊《下午茶座》"馥兰影话"专栏发表《纽约警探网》。

六月二十四日，在《新晚报》副刊《下午茶座》"馥兰影话"专栏发表《巧夺金龟婿》。

六月二十五日，在《新晚报》副刊《下午茶座》"馥兰影话"专栏发表《〈剑胆琴心〉中的音乐》。

六月二十七日，在《新晚报》副刊《下午茶座》"馥兰影话"专栏发表《神秘希特拉》。

六月三十日，在《新晚报》副刊《下午茶座》"馥兰影话"专栏发表《青纱红泪》。

六月，在《长城画报》第十七期发表《谈儿童演员》，署名姚馥兰。

七月一日，在《新晚报》副刊《下午茶座》"馥兰影话"专栏发表《政府委员》

七月三日，在《新晚报》副刊《下午茶座》"馥兰影话"专栏发表《蓝胡子》。

七月四日，在《新晚报》副刊《下午茶座》"馥兰影话"专栏发表《蓝胡子·卓别灵·墨子》。

七月八日，在《新晚报》副刊《下午茶座》"馥兰影话"专栏发表《铁血长城》。

七月九日，在《新晚报》副刊《下午茶座》"馥兰影话"专栏发表《〈粒粒皆辛苦〉的导演》。

七月十日，在《新晚报》副刊《下午茶座》"馥兰影话"专栏发表《〈西线无战事〉和它的导演》。

七月十一日，在《新晚报》副刊《下午茶座》"馥兰影话"专栏发表《水殿嫦娥》。

七月十三日，在《新晚报》副刊《下午茶座》"馥兰影话"专栏发表《捉猫笑史》。

七月十五日，在《新晚报》副刊《下午茶座》"馥兰影话"专栏发表《答读者的来信》。

七月十七日，在《新晚报》副刊《下午茶座》"馥兰影话"专栏发表《金殿逃龙》。

七月二十二日，在《新晚报》副刊《下午茶座》"馥兰影话"专栏发表《亚拉丁神灯》。

七月二十四日，在《新晚报》副刊《下午茶座》"馥兰影话"专栏发表《情天长恨》。

七月二十六日，在《新晚报》副刊《下午茶座》"馥兰影话"专栏发表《桃源金粉》。

七月二十八日，在《新晚报》副刊《下午茶座》"馥兰影话"专栏发表《冰国亡魂》。

七月三十日，在《新晚报》副刊《下午茶座》

"馥兰影话"专栏发表《神女会襄王》。

七月，在《长城画报》第十八期发表《电影的起源》，署名姚馥兰。

八月一日，在《新晚报》副刊《下午茶座》"馥兰影话"专栏发表《迷楼倩影》。

八月二日，在《新晚报》副刊《下午茶座》"馥兰影话"专栏发表《夏伯阳》。

八月四日，在《新晚报》副刊《下午茶座》"馥兰影话"专栏发表《雪姑七友传》。

八月五日，在《新晚报》副刊《下午茶座》"馥兰影话"专栏发表《再谈雪姑七友传》。

八月八日，在《新晚报》副刊《下午茶座》"馥兰影话"专栏发表《原野新声》。

八月十一日，在《新晚报》副刊《下午茶座》"馥兰影话"专栏发表《答读者的信》。

夏，友人、同事黄永玉因五月下旬在香港举办的画展被指责为作品在思想上犯了资产阶级艺术形式的偏向，而必须检讨。查良镛、香港大学学生关愭与黄永玉在咖啡馆商讨如何应对。八月十二日，《大公报》发表黄永玉《检查我这次的画展》。

八月十三日，在《新晚报》副刊《下午茶座》"馥兰影话"专栏发表《〈情天长恨〉的电影艺术》。

八月十四日，在《新晚报》副刊《下午茶座》

"馥兰影话"专栏发表《〈翠苑疑云〉与〈勾魂使者〉》。

八月十五日，在《新晚报》副刊《下午茶座》"馥兰影话"专栏发表《〈情天长恨〉的导演》。

八月二十一日，在《新晚报》副刊"下午茶座"的"馥兰影话"专栏发表《姚馥兰小姐的信》，专栏结束。

八月二十二日，在《新晚报》副刊"下午茶座"的"子畅影话"专栏发表《关于〈城市之光〉的故事》，署名林子畅。

八月，译作《朝鲜血战内幕》由文宗出版社出版，署名乐宜。卷首有《译者序》，全书分四篇，共计二十一章，末有结语。

八月，在《长城画报》第十九期发表《谈古装电影》，署名姚馥兰。

九月，在《长城画报》第二十期发表《谈演员的演技》，署名林子畅。

十月五日，在《新晚报》增刊头版发表《话说"影话"》，署名林子畅。

十月，在《长城画报》第二十一期发表《谈音乐片》《意大利电影》，分别署名林子畅、镛。

十一月，在《长城画报》第二十二期发表《谈喜剧电影》，署名林子畅。

十二月，在《长城画报》第二十三期发表《电影故事的来源》，署名林子畅。

译作《朝鲜血战内幕》书影（吴盛青提供）

一九五三年 二十九岁

一月一日,上海《大公报》北迁天津,与改名为《进步日报》的原天津《大公报》合并,出版全国性《大公报》。上海《大公报》历史终结。(下文提到《大公报》,除非特地标注,均指香港《大公报》。)

一月,在《长城画报》第二十四期发表《银幕的形式》,署名林子畅。

二月十六日,在《新晚报》副刊"下午茶座"的"子畅影话"专栏发表《再谈〈孽海花〉》,文末说:"当读者们看到这篇影话时,我正在火车中,因为我要到杭州上海一带旅行一趟,看看同学朋友,看看电影和各种戏剧,再拍一些风景照片,预定一个月回来。"专栏结束。

二月,在《长城画报》第二十五期发表《从〈孽海花〉的表演谈起》,署名林子畅。

三月初,在上海与杜冶芬办离婚手续。

三月六日,到杭州,游岳庙,在西湖畔与妹妹查良璇、同学沈德绪、朱帼英等合影。

是日,正值斯大林逝世,举国致哀,杭州规定下午四时起全市立正默哀十分钟。"但一动不动的立正十分钟,时间实在是很长的。站到六七分钟后,人人都不耐烦了,你看看我,我看看你,脸上的表

1953年3月6日在杭州西湖曲院风荷，左起：查良镛、怀抱婴儿的朱帼英、沈德绪、查良璇。

情都很尴尬。突然之间，表妹嗤的一声笑了出来。笑是有传染性的，于是你也笑，我也笑，人人笑作了一团。但大家立刻咬着唇皮，止住了笑。"

三月八日，参加查良璇婚礼。

三月中旬，回香港后，被调回《大公报》。

四月二十八日，在《大公报》开始写"每日影谈"专栏，第一篇《蜡像院魔王》，署名萧子嘉。

四月二十九日，在《大公报》"每日影谈"专栏发表《艳阳天》。

四月三十日，在《大公报》"每日影谈"专栏发表《原子弹轰炸美国》。

五月一日，在《大公报》"每日影谈"专栏发表《电影与工人》。

五月三日，在《大公报》"每日影谈"专栏发表《铁甲冲锋队》。

五月四日，在《大公报》"每日影谈"专栏发表《千面杀人王》。

五月五日，在《大公报》"每日影谈"专栏发表《古堡藏龙》。

五月六日，在《大公报》"每日影谈"专栏发表《禁宫春色》。

五月七日，在《大公报》"每日影谈"专栏发表《捷克的电影》。

五月八日，在《大公报》"每日影谈"专栏发表《嘉丽妹妹》。

五月九日，在《大公报》"每日影谈"专栏发表《血泪情丝》。

五月十日，在《大公报》"每日影谈"专栏发表《罗宫伏狮记》。

五月十一日，在《大公报》"每日影谈"专栏发表《芭蕾舞演进史》。

五月十二日，在《大公报》"每日影谈"专栏发表《嘉丽妹妹的真面目》。

五月十三日，在《大公报》"每日影谈"专栏发表《贝多芬传》。

五月十四日，在《大公报》"每日影谈"专栏发表《艺海鸳鸯》。

五月十五日，在《大公报》"每日影谈"专栏发表《矿工之女》。

五月十六日，在《大公报》"每日影谈"专栏发表《蓬门今始为君开》。

五月十七日，在《大公报》"每日影谈"专栏发表《欢唱今宵》。

五月十八日，在《大公报》"每日影谈"专栏发表《孤凤奇缘》。

五月十九日，在《大公报》"每日影谈"专栏发表《答复几封来信》。

五月二十日，在《大公报》"每日影谈"专栏发表《以身许国》。

五月二十一日，在《大公报》"每日影谈"专栏发表《热情的重要》。

五月二十二日，在《大公报》"每日影谈"专栏发表《再谈〈蓬门今始为君开〉》。

五月二十三日，在《大公报》"每日影谈"专栏发表《〈热情的重要〉中的隽语》。

五月二十四日，在《大公报》"每日影谈"专栏发表《琵琶巷》。

五月二十五日，在《大公报》"每日影谈"专栏发表《圣女之歌》。

五月二十六日，在《大公报》"每日影谈"专栏发表《春闺怨》。

五月二十七日，在《大公报》"每日影谈"专栏发表《尼罗河妖姬》。

五月二十八日，在《大公报》"每日影谈"专栏发表《艺妓春光》。

五月二十九日，在《大公报》"每日影谈"专栏发表《万众欢腾》。

五月三十日，在《大公报》"每日影谈"专栏发表《檀岛歼谍战》。

五月三十一日，在《大公报》"每日影谈"专栏发表《总统夫人》。

五月，在《长城画报》第二十八期发表《古装电影的要旨》，署名林欢。

六月一日，在《大公报》"每日影谈"专栏发表《儿童和电影》。

六月二日，在《大公报》"每日影谈"专栏发表《戏王之王》。

六月三日，在《大公报》"每日影谈"专栏发表《外国电影中的宫闱故事》。

六月四日，在《大公报》"每日影谈"专栏发表《春情妃子》。

六月五日，在《大公报》"每日影谈"专栏发表《阿利巴巴之子》。

六月六日，在《大公报》"每日影谈"专栏发表《非洲血战记》。

六月七日，在《大公报》"每日影谈"专栏发表《谢幕》。

六月八日，在《大公报》"每日影谈"专栏发表《鸳鸯劫》。

六月九日，在《大公报》"每日影谈"专栏发表《荡寇先锋》。

六月十日，在《大公报》"每日影谈"专栏发表

《黑鹰复仇记》。

六月十一日，在《大公报》"每日影谈"专栏发表《的士艳事》。

六月十二日，在《大公报》"每日影谈"专栏发表《答复读者的来信》。

六月十三日，在《大公报》"每日影谈"专栏发表《青春颂》。

六月十四、十五日，在《大公报》"每日影谈"专栏分上下两期发表《人海情潮》。

六月十六日，在《大公报》"每日影谈"专栏发表《风流女儿国》。

六月十七日，在《大公报》"每日影谈"专栏发表《生葬龙头门》。

六月十八日，在《大公报》"每日影谈"专栏发表《谍报突击队》，同时在《大公园》头条刊出《罗森堡案惊人的原始证据　一张螺形脚桌子》，作者署名金庸。这是目前所知"金庸"一名最早的出处。

六月十九、二十日，在《大公报》"每日影谈"专栏分上下两期发表《对于反共电影的批评》。

六月二十一日，在《大公报》"每日影谈"专栏发表《银海沧桑》。

六月二十二日，在《大公报》"每日影谈"专栏发表《血战泰堡》。

六月二十三日，在《大公报》"每日影谈"专栏发表《〈青春颂〉与音乐》。

六月二十四日，在《大公报》"每日影谈"专栏发表《木筏横渡太平洋》。

六月二十五日，在《大公报》"每日影谈"专栏发表《狂风劫后花》。

六月二十六日，在《大公报》"每日影谈"专栏发表《七海婵娟》。

六月二十七日，在《大公报》"每日影谈"专栏发表《奇侠复仇记》。

六月二十八日，在《大公报》"每日影谈"专栏发表《芬娘》。

六月二十九日，在《大公报》"每日影谈"专栏发表《墨西哥抗暴记》。

六月三十日，在《大公报》"每日影谈"专栏发表《慈母泪》。

六月，在《长城画报》第二十九期发表《京戏与电影》，署名林欢。

七月一日，在《大公报》"今天广播音乐"专栏发表《〈蜂飞〉及其他》，署名畅。

七月二、三日，在《大公报》"每日影谈"专栏分上下两期发表《悼普多夫金》。

七月四日，在《大公报》"每日影谈"专栏发表

《封面美人》。

七月五日，在《大公报》"每日影谈"专栏发表《白日梦》。

七月六日，在《大公报》"每日影谈"专栏发表《兰闺春怨》。

七月七日，在《大公报》"每日影谈"专栏发表《青年之歌》。

七月八日，在《大公报》"每日影谈"专栏发表《答读者的来信》。

七月九日，在《大公报》"每日影谈"专栏发表《再谈〈兰闺春怨〉》。

七月十日，在《大公报》"每日影谈"专栏发表《华堂小凤》。

七月十一日，在《大公报》"每日影谈"专栏发表《玉女云裳》。

七月十二日，在《大公报》"每日影谈"专栏发表《血海余生》。

七月十三日，在《大公报》"每日影谈"专栏发表《玉女金声》。

七月十五日，在《大公报》"每日影谈"专栏发表《美国电影改编一例》。

七月十六日，在《大公报》"每日影谈"专栏发表《寒夜杀美》。

七月十七日，在《大公报》"每日影谈"专栏发表《青楼红泪》。

七月十八日，在《大公报》"每日影谈"专栏发表《绳上人》。

七月十九日，在《大公报》"每日影谈"专栏发表《一飞冲天》。

七月二十日，在《大公报》"每日影谈"专栏发表《雏凤清声》。

七月二十一日，在《大公报》"每日影谈"专栏发表《锦城碧玉》。

七月二十二日，在《大公报》"每日影谈"专栏发表《美女与盗贼》。

七月二十三日，在《大公报》"每日影谈"专栏发表《村女峨眉》。

七月二十四日，在《大公报》"每日影谈"专栏发表《香闺腻友》。

七月二十五日，在《大公报》"每日影谈"专栏发表《银幕生涯》。

七月二十六日，在《大公报》"每日影谈"专栏发表《铁冕保山河》。

七月二十七日，在《大公报》"每日影谈"专栏发表《赤壁亡魂》。

七月二十八日，在《大公报》"每日影谈"专栏发表《渔夫恨》。

七月二十九日，在《大公报》"每日影谈"专栏发表《第六届坎城电影节》。

七月三十日，在《大公报》"每日影谈"专栏发表《寸草心》。

七月三十一日，在《大公报》"每日影谈"专栏发表《血肉金刚》。

七月，在《长城画报》第三十期发表《民族遗产与电影》，署名林欢。

八月一日，在《大公报》"每日影谈"专栏发表《血洒黑地狱》。

八月二日，在《大公报》"每日影谈"专栏发表《新乐府春秋》。

八月三日，在《大公报》"每日影谈"专栏发表《常胜将军》。

八月四日，在《大公报》"每日影谈"专栏发表《血溅火林》。

八月五日，在《大公报》"每日影谈"专栏发表《东京七日》。

八月六、七日，在《大公报》"每日影谈"专栏分上下两期发表《普多夫金与〈常胜将军〉》。

八月八日，在《大公报》"每日影谈"专栏发表《欲焰香魂》。

八月九日，在《大公报》"每日影谈"专栏发表《农夫完婚记》。

八月十日，在《大公报》"每日影谈"专栏发表《狮子从军记》。

八月十一日，在《大公报》"每日影谈"专栏发表《安徒生传》。

八月十二、十三日，在《大公报》"每日影谈"专栏分上下两期发表《民族的怒吼》。

八月十四日，在《大公报》"每日影谈"专栏发表《血染威尼斯》。

八月十五日，在《大公报》"每日影谈"专栏发表《危城谍影》。

八月十六日，在《大公报》"每日影谈"专栏发表《安徒生与芭蕾舞》。

八月十七日，在《大公报》"每日影谈"专栏发表《十字军东征》。

八月十八日，在《大公报》"每日影谈"专栏发表《铁达尼邮船遇险记》。

八月十九日，在《大公报》"每日影谈"专栏发表《蟒魔王》。

八月二十日，在《大公报》"每日影谈"专栏发表《神枪奇侠》。

八月二十一日，在《大公报》"每日影谈"专栏发表《关于翻译片》。

八月二十二日，在《大公报》"每日影谈"专栏发表《新沙漠情歌》。

八月二十三日，在《大公报》"每日影谈"专栏发表《慈母心》。

八月二十四、二十五日，在《大公报》"每日影谈"专栏分上下两期发表《碧血红颜》。

八月二十六日，在《大公报》"每日影谈"专栏发表《海上长城》。

八月二十七、二十八日，在《大公报》"每日影谈"专栏分上下两期发表《印度的电影》。

八月二十九日，在《大公报》"每日影谈"专栏发表《英雄与美人》。

八月三十日，在《大公报》"每日影谈"专栏发表《爱丁堡电影节》。

八月三十一日，在《大公报》"每日影谈"专栏发表《齐天小圣》。

八月，在《长城画报》第三十一期发表《电影中的舞蹈》《爱丁堡电影节》，分别署名林欢、萧子嘉。

九月一日，在《大公报》"每日影谈"专栏发表《金沙湾剿匪战》。

九月二日，在《大公报》"每日影谈"专栏发表《一夕惊魂》。

九月三日，在《大公报》"每日影谈"专栏发表《五十年来惊人大事》。

九月四日，在《大公报》"每日影谈"专栏发表《一天映五十四部电影》。

九月五日，在《大公报》"每日影谈"专栏发表《历尽沧桑一美人续集》。

九月六日，在《大公报》"每日影谈"专栏发表《飘鸾红泪》。

九月八日，在《大公报》"每日影谈"专栏发表《醉乡情焰》。

九月九日，在《大公报》"每日影谈"专栏发表《舞台芳邻》。

九月十日，在《大公报》"每日影谈"专栏发表《大雷雨》。

九月十一日，在《大公报》"每日影谈"专栏发表《中秋月》。

九月十二日，在《大公报》"每日影谈"专栏发表《深宫怨》。

九月十三日，在《大公报》"每日影谈"专栏发表《雪夜情仇》。

九月十四日，在《大公报》"每日影谈"专栏发表《宇宙战争》。

九月十六日，在《大公报》"每日影谈"专栏发表《义侠歼霸战》。

九月十七日，在《大公报》"每日影谈"专栏发表《〈深宫怨〉与历史》。

九月十八日，在《大公报》"每日影谈"专栏发表《忏情恨》。

九月十九日，在《大公报》"每日影谈"专栏发表《再谈〈忏情恨〉》。

九月二十日，在《大公报》"每日影谈"专栏发表《柏林火海》。

九月二十一日，在《大公报》"每日影谈"专栏发表《非洲白天使》。

九月二十二日，在《大公报》"每日影谈"专栏发表《海盗王子》。

同日，香港长城电影公司拍摄电影《绝代佳人》上映。该片由李萍倩导演，查良镛以"林欢"为笔名编剧，平凡、夏梦等主演。

九月二十四日，在《大公报》"每日影谈"专栏发表《绝代佳人》。

九月二十五日，在《大公报》"每日影谈"专栏发表《人月双圆》。

九月二十六日，在《大公报》"每日影谈"专栏发表《海空大决战》。

九月二十七日，在《大公报》"每日影谈"专栏

《绝代佳人》电影剧本

金庸以"林欢"为笔名编剧的第一部电影《绝代佳人》海报

1953年9月，金庸、夏梦等人的一次集体出游。

金庸与夏梦

发表《再谈〈绝代佳人〉》。

九月二十八日，在《大公报》"每日影谈"专栏发表《贩马英雄传》。

九月三十日，在《大公报》"每日影谈"专栏发表《洞房花烛夜》。

九月，在《长城画报》第三十二期发表《争取国际声誉》，署名林欢。

十月三日，在《大公报》"每日影谈"专栏发表《葡萄熟了的时候》。

十月四日，在《大公报》"每日影谈"专栏发表《碧水桃源》。

十月五日，在《大公报》"每日影谈"专栏发表《原野奇侠》。

十月六日，在《大公报》"每日影谈"专栏发表《答读者的来信》。

十月八日，在《大公报》"每日影谈"专栏发表《绅士爱美人》。

十月九日，在《大公报》"每日影谈"专栏发表《再谈〈原野奇侠〉》。

十月十日，在《大公报》"每日影谈"专栏发表《演员的文艺修养》。

十月十一日，在《大公报》"每日影谈"专栏发表《红楼艳史》。

十月十三日，在《大公报》"每日影谈"专栏发表《大地春光》。

十月十四日，在《大公报》"每日影谈"专栏发表《同是天涯沦落人》。

十月十五日，在《大公报》"每日影谈"专栏发表《再谈〈葡萄熟了的时候〉》。

十月十六日，在《大公报》"每日影谈"专栏发表《米兰的奇迹》。

十月十七日，在《大公报》"每日影谈"专栏发表《十三男与一女》。

十月十八日，在《大公报》"每日影谈"专栏发表《谈战争片》。

十月二十日，在《大公报》"每日影谈"专栏发表《简答读者》。

十月二十一日，在《大公报》"每日影谈"专栏发表《铁幕余生》。

十月二十二日，在《大公报》"每日影谈"专栏发表《妙人鸣钟记》。

十月二十三日，在《大公报》"每日影谈"专栏发表《再谈〈米兰的奇迹〉》。

十月二十四日，在《大公报》"每日影谈"专栏发表《无情海》。

十月二十五日，在《大公报》"每日影谈"专栏发表《〈无情海〉的原著和电影》。

十月二十七日，在《大公报》"每日影谈"专栏发表《〈六大寇〉与〈鸳梦重温〉》。

十月二十八日，在《大公报》"每日影谈"专栏发表《宝剑明珠》。

十月二十九日，在《大公报》"每日影谈"专栏发表《买卖相思》。

十月三十日，在《大公报》"每日影谈"专栏发表《谈〈斯巴达克斯〉》。

十月三十一日，在《大公报》"每日影谈"专栏发表《青楼情孽》。

十一月一日，在《大公报》"每日影谈"专栏发表《再谈〈青楼情孽〉》。

十一月三日，在《大公报》"每日影谈"专栏发表《孽海奇莲》。

十一月四日，在《大公报》"每日影谈"专栏发表《三雄喋血》。

十一月五日，在《大公报》"每日影谈"专栏发表《春宵一刻值千金》。

十一月六日，在《大公报》"每日影谈"专栏发表《妙人异迹》。

十一月七日，在《大公报》"每日影谈"专栏发表《杀人者》。

十一月八日，在《大公报》"每日影谈"专栏发表《桃源三凤》。

十一月十日，在《大公报》"每日影谈"专栏发表《北非夺宝记》。

十一月十一日，在《大公报》"每日影谈"专栏发表《跨海长征》。

十一月十二日，在《大公报》"每日影谈"专栏发表《〈法网情丝〉与〈迷离世界〉》。

十一月十三日，在《大公报》"每日影谈"专栏发表《黑海岸浴血战》。

十一月十四日，在《大公报》"每日影谈"专栏发表《理想夫人》。

十一月十五日，在《大公报》"每日影谈"专栏发表《小舞娘》。

十一月十七日，在《大公报》"每日影谈"专栏发表《金银劫》。

十一月十八日，在《大公报》"每日影谈"专栏发表《警匪围捕战》。

十一月十九日，在《大公报》"每日影谈"专栏发表《江湖儿女》。

十一月二十日，在《大公报》"每日影谈"专栏发表《红粉忠魂未了情》。

十一月二十一日，在《大公报》"每日影谈"专栏发表《平湖秋月》。

十一月二十二日，在《大公报》"每日影谈"专栏发表《艳阳春色》。

十一月二十四日，在《大公报》"每日影谈"专栏发表《万恶城》。

十一月二十五日，在《大公报》"每日影谈"专栏发表《剑云三十六骑》。

十一月二十六日，在《大公报》"每日影谈"专栏发表《糊涂杀手》。

十一月二十八日，在《大公报》"每日影谈"专栏发表《金丝雀》。

十一月二十九日，在《大公报》"每日影谈"专栏发表《绝岭惊魂》。

十一月，在《长城画报》第三十四期发表《舞台与电影》，署名林欢。

十二月一日，在《大公报》"每日影谈"专栏发表《飞驿英雄》。

十二月二日，在《大公报》"每日影谈"专栏发表《凤楼魂断》。

十二月三日，在《大公报》"每日影谈"专栏发表《思凡》。

十二月四日，在《大公报》"每日影谈"专栏发表《春色无边欲海花》。

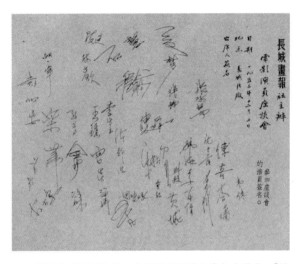

1953年12月10日，电影演员座谈会参加者签名，"林欢"签在左上。

十二月五日，在《大公报》"每日影谈"专栏发表《肉阵飞龙》。

十二月六日，在《大公报》"每日影谈"专栏发表《风流船主》。

十二月八日，在《大公报》"每日影谈"专栏发表《神枪小霸王》。

十二月九日，在《大公报》"每日影谈"专栏发表《魔宫乐影》。

十二月十日，在《大公报》"每日影谈"专栏发表《铁蹄喋血》。

十二月十日下午三时，参加长城电影公司在长城片场举办的电影演员座谈会并发言。

十二月十一日，在《大公报》"每日影谈"专栏发表《电影的节奏》。

十二月十二日，在《大公报》"每日影谈"专栏发表《卡嘉姑娘》。

十二月十三日，在《大公报》"每日影谈"专栏发表《魔术大王》。

十二月十五日，在《大公报》"每日影谈"专栏发表《〈海底谜城〉和〈万兽天堂〉》。

十二月十六日，在《大公报》"每日影谈"专栏发表《维也纳艳曲》。

十二月十七日，在《大公报》"每日影谈"专栏发表《简复读者来信——〈白日梦〉、莎士比亚等等》。

十二月十八日，在《大公报》"每日影谈"专栏发表《宇宙怪人》。

十二月十九日，在《大公报》"每日影谈"专栏发表《水红菱》。

十二月二十日，在《大公报》"每日影谈"专栏发表《拉丁情人》。

十二月二十二日，在《大公报》"每日影谈"专栏发表《秋海棠》。

十二月二十三日，在《大公报》"每日影谈"专栏发表《再谈〈水红菱〉》。

十二月二十五日，在《大公报》"每日影谈"专栏发表《圣袍千秋》。

十二月二十六日，在《大公报》"每日影谈"专栏发表《新艺综合体电影》。

十二月二十七日，在《大公报》"每日影谈"专栏发表《糊涂宪兵》。

十二月二十九日，在《大公报》"每日影谈"专栏发表《火海双雄》。

十二月三十、三十一日，在《大公报》"每日影谈"专栏分上下两期发表《与姚嘉衣兄一夕谈》。

一九五四年 三十岁

一月一日，在《大公报》"影谈"专栏发表《从贺年卡谈起》，署名姚嘉衣。

一月三日，在《大公报》"影谈"专栏发表《龚秋霞获奖牌》。

一月五日，在《大公报》"影谈"专栏发表《古典舞向爵士舞投降——〈龙凤香车〉的主题》。

一月八日，在《大公报》"影谈"专栏发表《初谈〈凯撒大帝〉》。

一月九日，在《大公报》"影谈"专栏发表《演员的国语·打渔杀家》。

一月十日，在《大公报》开辟"电影信箱"专栏，第一篇《写给姚嘉衣的信》，以《推荐〈苏联杂技团〉》为题刊出读者许东侠来信及姚嘉衣复信。这一专栏均采用先读者来信、后姚嘉衣复信的形式。

一月十一日，在《大公报》"电影信箱"专栏发表读者雷志强来信及姚嘉衣附言《谈〈父与子〉》。

一月十二至十四日，在《大公报》"影谈"专栏分上、中、下三期发表《漫谈〈凯撒大帝〉》。

一月十五日，在《大公报》"电影信箱"专栏发表读者周中一来信及姚嘉衣回信《关于〈父与子〉》。

一月十七日，在《大公报》"电影信箱"专栏发

　　1954 年 1 月 17 日的澳门新花园擂台上，吴公仪一拳将陈克夫打得鼻血长流。

表读者李明辉、吕德新、雷志强来信及姚嘉衣回信《对白、签名、参观片场》。

同日下午，香港白鹤派、太极派矛盾激化，双方掌门陈克夫、吴公仪在澳门设擂比武，仅两个回合，陈克夫被吴公仪一拳击中鼻子，血流如注，就此结束。此事前前后后历时多日，比武当天有近万人赴澳观战，轰动全港。《新晚报》当天报道比武结果的"号外"，一面市便被抢售一空。

一月十八日，在《大公报》"电影信箱"专栏发表读者杨眉来信及姚嘉衣回信《两部二轮影片》。

一月十九日，在《大公报》"影谈"专栏发表《讲犹太人的电影——谈〈天涯知己〉》，署名姚嘉衣；在"电影信箱"专栏发表读者梁小红来信及姚嘉衣复信《〈电影轨范〉及其他》，另发表补白《小提琴家梅礼士·奇理》，署名宜。

同日，《新晚报》头版预告"本报增刊武侠小说"。这是《新晚报》总编辑罗孚受到比武引发轰动效应的启发而提议，得到上级支持而决定的。接受撰写武侠小说任务者为陈文统。

一月二十日，陈文统以"梁羽生"为笔名创作的武侠小说《龙虎斗京华》在《新晚报》开始连载，受到热烈欢迎。这在后来被视为"新派武侠小说"之始。

一月二十一日，在《大公报》"影谈"专栏发表《最近看的一些戏》。

一月二十二日，在《大公报》"影谈"专栏发表《黑人的苦难——谈〈大地呼声〉》，在"电影信箱"专栏发表读者陈敏坚来信及姚嘉衣回信《想做电影演员》。

一月二十三日，在《大公报》"电影信箱"专栏发表读者容玉婷来信及姚嘉衣回信《我"傻"起来了！》。

一月二十四日，在《大公报》"电影信箱"专栏发表读者陈石林来信及姚嘉衣附言《粤语片的问题》。

一月二十六日，在《大公报》"影谈"专栏发表《又喜欢又感动——谈〈守得云开见月明〉》，在"电影信箱"专栏发表读者徐萌来信《我看了〈和平万岁〉》。

一月二十七日，在《大公报》"电影信箱"专栏发表读者墨渚来信及姚嘉衣回信《拍电影给谁看？》。

一月二十八日，在《大公报》"影谈"专栏发表《〈思凡〉杂谈》。

一月二十九日，在《大公报》"电影信箱"专栏发表读者陈石林来信及姚嘉衣回信《电影〈白蛇传〉》。

一月三十日，在《大公报》"电影信箱"专栏发表给各位读者的信（按本期无标题）；开辟"今日电影"

专栏,写百馀字简要影评,署名嘉衣（后亦署姚嘉衣）。

一月三十一日，在《大公报》"影谈"专栏发表《做演员的梦想——谈〈红伶梦〉》，署名姚嘉衣；在"电影信箱"专栏发表读者张东然来信及姚嘉衣复信《关于芭蕾舞的书》，同时刊出"今日电影"专栏。

一月，《长城画报》第三十五期刊出去年十二月的电影演员座谈会发言记录与现场照片。

二月一、二、六日，在《大公报》刊出"今日电影"专栏。

二月七日，在《大公报》"影谈"专栏发表《相爱与谅解——谈〈欢喜冤家〉》，同时刊出"今日电影"专栏。

二月八日，在《大公报》"影谈"专栏发表《影人义演的排练》，同时刊出"今日电影"专栏。

二月九日，在《大公报》刊出"今日电影"专栏。

二月十日，在《大公报》刊出"今日电影"专栏，从此署名嘉。

二月十一日，在《大公报》"影谈"专栏发表《石慧与傅奇要结婚了》，同时刊出"今日电影"专栏。

二月十三日，在《大公报》"影谈"专栏发表《美、力、与勇敢——谈"苏联杂技大会演"》，同时刊出"今日电影"专栏。

二月十四日，在《大公报》"影谈"专栏发表《恶俗的胡闹——两傻大战鬼医》，同时刊出"今日电影"专栏。

二月十五、十六日，在《大公报》刊出"今日电影"专栏。

二月十七日，在《大公报》"影谈"专栏发表《演员和杂技》，同时刊出"今日电影"专栏。

二月十八日，在《大公报》"电影信箱"专栏发表读者墨渚来信及姚嘉衣复信《关于义演》，同时刊出"今日电影"专栏。

二月十九日，在《大公报》"影谈"专栏发表《看影人义演》，同时刊出"今日电影"专栏。

二月二十日，在《大公报》刊出"今日电影"专栏。

二月二十一日，在《大公报》"电影信箱"专栏发表读者杨子祯来信《粤语歌唱片》，同时刊出"今日电影"专栏。

二月二十二日，在《大公报》"电影信箱"专栏发表读者候子来信及姚嘉衣复信（按本期无标题），同时刊出"今日电影"专栏。

二月二十三，在《大公报》"影谈"专栏发表《完全看跳舞——谈〈彩凤嬉春〉》，同时刊出"今日电影"专栏。

二月二十四日，在《大公报》"影谈"专栏发表《有趣的讽刺·粗糙的滑稽——谈〈莎莎艳史〉》，同时刊出"今日电影"专栏。

二月二十五日，在《大公报》"电影信箱"专栏发表读者侃犀、梁厚昌来信及姚嘉衣复信《关于影人义演》，同时刊出"今日电影"专栏。

二月二十六日，在《大公报》刊出"今日电影"专栏。

二月二十七日，在《大公报》"影谈"专栏发表《从〈小丑情泪〉谈起》，同时刊出"今日电影"专栏。

二月二十八日，在《大公报》"电影信箱"专栏发表读者鸿兴来信及姚嘉衣复信《〈春〉〈秋〉片名对调》，同时刊出最后一期"今日电影"专栏。

二月，在《长城画报》第三十六期发表《文学作品改编电影》，署名林欢。

三月二日，在《大公报》"影谈"专栏发表《野蛮的女人——谈〈红粉金枪〉》，在"电影信箱"专栏发表读者蔡回来信及姚嘉衣复信《关于〈莎莎艳史〉》。

三月四日，在《大公报》"影谈"专栏发表《金色的玛丽——谈〈荡妇玛丽〉》，在"电影信箱"专栏发表读者郑重来信及姚嘉衣复信（本期无标题）。

三月五日，在《大公报》"影谈"专栏发表《攻打头脑中的封建——谈〈燕双飞〉》。

三月七日，在《大公报》"影谈"专栏发表《荒唐的改编——谈〈剑底游龙〉》，在"电影信箱"专栏发表读者蔡回来信《谈谈〈人海情愁〉》。

三月八日，在《大公报》发表《傅石婚礼花絮》（与苏苏合写），署名畅。

三月九日，在《大公报》"电影信箱"专栏发表读者明健来信《我看〈燕双飞〉》。

三月十一日，在《大公报》"影谈"专栏发表《纳粹军官是不是太温和？——谈〈战地军魂〉中的一个问题》。

三月十二日，在《大公报》"影谈"专栏发表《欢笑和友谊——亚历山大洛夫在英国》。

三月十三日，在《大公报》"电影信箱"专栏发表读者元皓来信及姚嘉衣回信《又胆小又怕牙擦》。

三月十四日，在《大公报》"影谈"专栏发表《低能的抄袭——谈〈江上琵琶〉》。

三月十五日，在《大公报》发表《请动动脑筋》，署名畅。

三月十六日，在《大公报》发表《请动脑筋：单车比赛》，署名畅；在"电影信箱"专栏发表读者李小培来信及姚嘉衣复信《年轻朋友的来信》。

三月十八、十九日，在《大公报》"影谈"专栏分上下两期发表《漫谈〈红楼二尤〉》。

三月二十日，在《大公报》"影谈"专栏发表《电影中的剧评家——谈〈情焰心声〉》。

三月二十一日，在《大公报》"影谈"专栏发表《谈〈都会交响曲〉》。

三月二十三日，在《大公报》"影谈"专栏发表《李察·威宁顿之死》，在"电影信箱"专栏回复雷志强等读者（本期无标题）。

三月二十五日，在《大公报》"影谈"专栏发表《谈〈小星泪〉》。

三月二十六日，在《大公报》"电影信箱"发表读者陈毅云来信及姚嘉衣回信《黑海岸浴血战》。

三月二十八日，在《大公报》"影谈"专栏发表《对荷里活的讽刺——谈〈摇彩新郎〉》。

三月，在《长城画报》第三十七期发表《义演和我们的工作》，署名林欢。

四月二日，在《大公报》"影谈"专栏发表《单纯美丽的爱情——谈〈南海天堂〉》，在"电影信箱"专栏发表读者张白汀来信及姚嘉衣复信《〈小星泪〉里的"雌老虎"》。

四月四日，在《大公报》"影谈"专栏发表《美酒、女人和歌——谈〈舞曲大王〉》。

四月八日，在《大公报》"影谈"专栏发表《离恨天 相思狱——谈〈深闺梦里人〉》。

四月十一日，在《大公报》"电影信箱"专栏发表读者来信及姚嘉衣回信《关于〈深闺梦里人〉》（原缺读者名）。

四月十二日，在《大公报》"影谈"专栏发表《不落俗套的故事——谈〈彩凤双飞〉》。

四月十三日，在《大公报》"影谈"专栏发表《两部影片中的"自杀"》。

四月十四日，在《大公报》"影谈"专栏发表《钢琴诗人萧邦——谈〈青年萧邦〉》。

四月十九日，在《大公报》"影谈"专栏发表《已看了三遍的电影——谈〈大歌舞会〉》，在"电影信箱"专栏发表《表演得飘飘欲仙——杂谈〈大歌舞会〉的舞剧》。

四月二十日，在《大公报》"影谈"专栏发表《公主与新闻记者——谈〈金枝玉叶〉》。

四月二十一至二十三日，在《大公报》"影谈"专栏分上、中、下三期发表《漫谈〈大歌舞会〉》。

四月二十五日，在《大公报》"影谈"专栏发表《〈大歌舞会〉的编剧》。

四月二十八日，在《大公报》"影谈"专栏发表《演员契尔卡索夫——谈〈波罗的海代表〉》。

四月三十日，在《大公报》"影谈"专栏发表《田桂英·孙桂兰·舒绣文——谈〈女司机〉》。

四月，在《长城画报》第三十八期发表《谈电影音乐》（目录作《谈电影歌曲》），署名林欢。

五月四日，在《大公报》"影谈"专栏发表《美国人眼中的"水深火热"》。

五月七日，在《大公报》"影谈"专栏发表《马克·吐温的悲剧——谈〈黄金梦〉》。

五月九、十日，在《大公报》"影谈"专栏分上下两期发表《"甲必丹之女"——谈〈乱世英雌〉》。

五月十三日,在《大公报》"影谈"专栏发表《独幕剧式的电影——谈〈今夕相逢〉》。

五月十四日下午，在长城电影公司摄影棚 A 棚为夏梦讲解《不要离开我》剧本。

五月十六日，在《大公报》"影谈"专栏发表《世界三大影片之一——谈〈我的童年〉》。

五月十九日，在《大公报》"影谈"专栏发表《打斗的公仔书——谈〈华伦王子〉》。

五月二十一、二十二日，在《大公报》"影谈"专栏分上下两期发表《高尔基与电影》。

五月二十四日，在《大公报》"影谈"专栏发表《〈沙漠苦战记〉的特写镜头》。

五月二十六日，在《大公报》"影谈"专栏发表《越看越讨厌——谈〈唐加美路小世界〉》。

五月二十九日，在《大公报》"影谈"专栏发表

1954 年 5 月 14 日，金庸在长城电影公司摄影棚为夏梦
讲解《不要离开我》剧本。

《"脑筋生在脚上"——谈〈燕双飞〉》。

六月一日，在《大公报》"影谈"专栏发表《路易打高尔夫球——谈〈糊涂跟班〉》。

六月二日，在《大公报》"影谈"专栏发表《脸部的特写镜头》。

六月五日，在《大公报》"影谈"专栏发表《生之依恋 生之倦怠——谈〈茶花女〉》。

六月六日，在《大公报》"影谈"专栏发表《对战争的控诉——谈〈日本战犯〉》。

六月九日，在《大公报》"影谈"专栏发表《间谍斗傻记——谈〈夜行人〉》。

六月十一日，在《大公报》"影谈"专栏发表《讲一个故事——"谈谈蒙太奇"之一》。

六月十三日，在《大公报》"影谈"专栏发表《年年廿九岁——谈〈女人万岁〉》。

六月十五日，在《大公报》"影谈"专栏发表《迷信的女孩子——谈〈瑶池凤舞〉》。

六月十六日，在《大公报》"影谈"专栏发表《双喜临门》。

六月十七日，在《大公报》"影谈"专栏发表《清新之气扑面来——谈〈中国民间歌舞〉》，同时刊出译自美国《荷里活评论》Michael Wilson 原作的《荷里活的男主角》（上），署林欢译。

六月十八日,在《大公报》"影谈"专栏发表《全世界历史最久——谈〈闽南傀儡戏〉》,同时发表译文《荷里活的男主角》(中)。

六月十九日,在《大公报》发表译文《荷里活的男主角》(下)。

六月二十二日,在《大公报》"影谈"专栏发表《替法国的殖民主义宣传——谈〈情花战血〉》。

六月二十三日,在《大公报》"影谈"专栏发表《中国舞蹈的特点——再谈〈中国民间歌舞〉》。

六月二十六日,在《大公报》"影谈"专栏发表《如诗的笔触 最大的惨剧——谈〈原子弹下之广岛〉》。

六月二十九日,在《大公报》"影谈"专栏发表《想吃肉的人们——谈〈御夫有术〉》。

六月,在《长城画报》第四十期发表《电影的民族形式》,署名林欢。

七月二日,在《大公报》"影谈"专栏发表《大江东去》。

七月四日,在《大公报》"影谈"专栏发表《九尺长的蚂蚁——谈〈原子尘怪物〉》。

七月六日,在《大公报》"影谈"专栏发表《电影演员的走路》。

七月七日,在《大公报》"影谈"专栏发表《技术比内容好——谈〈红菱艳〉》。

七月九日，在《大公报》"影谈"专栏发表《女学生和战争——谈〈血战冲绳岛〉》。

七月十日，在《大公报》"影谈"专栏发表《介绍一本好书》。

七月十四日，在《大公报》"影谈"专栏发表《文艺复兴时代的人物——谈〈倾国倾城欲海花〉》。

七月十六日，在《大公报》"影谈"专栏发表《谈〈孤鸾慈泪〉》。

七月十八日，在《大公报》"影谈"专栏发表《艺术家的风格——谈〈乡村医生〉》；同时开始连载美国剧作家J.劳逊的《美国电影分析》译文，无署名，每日刊出一篇。

七月二十一日，在《大公报》"影谈"专栏发表《漫谈〈乡村医生〉》。

七月二十三日，在《大公报》"影谈"专栏发表《美国女人在罗马——谈〈罗马之恋〉》。

七月二十五日，在《大公报》"影谈"专栏发表《打油体的〈驯悍记〉——谈〈刁蛮公主〉》。

七月二十七日，在《大公报》"影谈"专栏发表《从〈青年萧邦〉谈起》。

七月二十八、二十九日，在《大公报》"影谈"专栏分上下两期发表《〈刁蛮公主〉与〈驯悍记〉》。

七月三十一日，在《大公报》"影谈"专栏发表

《真美与假美——谈〈姊妹曲〉》。

七月，在《长城画报》第四十一期发表《谈电影的题材》，署名林欢。

八月四日，在《大公报》"影谈"专栏发表《值得一看的旧片——谈〈更阑人未静〉》。

八月七日，在《大公报》"影谈"专栏发表《一架飞机遇了险——谈〈情天未了缘〉》。

八月八日，在《大公报》"影谈"专栏发表《电视与谋杀——谈〈玻璃蜘蛛网〉》。

八月十日，在《大公报》"影谈"专栏发表《劳动、生活和欢乐——谈〈未婚妻〉》。

八月十三日，在《大公报》"影谈"专栏发表《谈谈动画片——〈公主和七勇士〉》。

八月十五日，在《大公报》"影谈"专栏发表《长长的拖车——谈〈蜜月花车〉》。

八月十七日，在《大公报》"影谈"专栏发表《地理课和动物学——谈〈苏联捕鲸队〉》。

八月二十日，在《大公报》"影谈"专栏发表《路易做骑师——谈〈天降财神〉》。

八月二十一日，在《大公报》"影谈"专栏发表《谈电影的摄影》。

八月二十四日，在《大公报》"影谈"专栏发表《真实的情感——谈〈潜艇袭东京〉》。

八月二十七日，在《大公报》"影谈"专栏发表《英国的"红番片"——谈〈英魂鹃血〉》。

八月二十九日，在《大公报》"影谈"专栏发表《"女人是祸水？"——谈〈罪恶乐园〉》。

八月，在《长城画报》第四十二期发表《谈电影中的配角》，同时发表电影歌曲《不要离开我》主题曲与插曲《门边一树碧桃花》的歌词，署名林欢，分别由于粦、草田作曲。

九月一、二日，在《大公报》"影谈"专栏发表《答复读者来信》。

九月五日，在《大公报》"影谈"专栏发表《想笑，笑不出来——谈〈霸海群英〉》。

九月七日，在《大公报》"影谈"专栏发表《人类渣滓的面貌——谈〈百宝图〉》。

九月十日，在《大公报》"影谈"专栏发表《漫谈〈王子复仇记〉》。

九月十二日，在《大公报》"影谈"专栏发表《头上有一个屋顶——谈〈乔迁之喜〉》。

九月十五日，在《大公报》"影谈"专栏发表《看一场滑稽舞——谈〈吉人天相〉》。

九月十八日，在《大公报》"影谈"专栏发表《李斯特的恋爱——谈〈乐苑春深未了情〉》。

九月二十一日，在《大公报》"影谈"专栏发表

《淳朴的都市小姐——谈〈倩女怀春〉》。

九月二十二日，在《大公报》"影谈"专栏发表《悲天悯人的先进者——再谈〈王子复仇记〉》。

九月二十五日起，因病中断译文《美国电影分析》的连载。

九月，在《长城画报》第四十三期发表《学会了看电影》，署名林欢。

十月四日，《美国电影分析》连载继续刊出。

十月七日，在《大公报》"影谈"专栏发表《最有效的治疗——谈〈地老天荒不了情〉》。

十月八日，在《大公报》"影谈"专栏发表《可怕的父母——谈〈天伦情泪〉》。

十月十二日，在《大公报》"影谈"专栏发表《平易近人的故事——谈〈归来〉》。

十月十四日，在《大公报》"影谈"专栏发表《史各脱所说的故事——谈〈十字军龙虎斗〉》。

十月十五日，在《大公报》"影谈"专栏发表《答复读者的来信》。

十月十七日，在《大公报》"影谈"专栏发表《忠实的热情的作品——谈〈青年近卫军〉》。

十月二十日，在《大公报》"影谈"专栏发表《看了电影看小说——再谈〈青年近卫军〉》;同时《美国电影分析》刊出最后一期（凡八十六期），署"子畅译"，连载结束。

十月二十二日，在《大公报》"影谈"专栏发表《巧妙的卑劣——谈〈春宵苦短〉》。

十月二十三日，在《大公报》"影谈"专栏发表《孩子们看不懂——谈〈七情六欲〉》。

十月二十五日，在《大公报》开始连载法国作家安德莱·莫洛亚（André Maurois）的《幸福婚姻讲座》译文，每日一期，署"子畅译"。

十月二十七日，在《大公报》"影谈"专栏发表《风月情怀 醉人如酒——谈〈铸情〉》。

十月二十八日，在《大公报》"影谈"专栏发表《喜剧变成了胡闹——谈〈红杏未出墙〉》。

十月二十九日，在《大公报》"影谈"专栏发表《三角恋爱和音乐——谈〈狂想曲〉》。

十月，在《长城画报》第四十四期发表《观众们的意见》，署名林欢。

十一月二日，在《大公报》"影谈"专栏发表《智力的角逐——谈〈军事秘密〉》。

十一月六日，在《大公报》"影谈"专栏发表《不朽的喜剧——谈〈钦差大臣〉》。

十一月十日，在《大公报》"影谈"专栏发表《三位杰出的角色——谈〈彼得大帝〉》。

十一月十一日，在《大公报》"影谈"专栏发表

《偏狭自私的爱情——谈〈金色夜叉〉》。

十一月十六日，在《大公报》"影谈"专栏发表《野兽比人好看——谈〈兽林浴血战〉》。

十一月十七日，在《大公报》"影谈"专栏发表《且向田家拼泥饮——谈〈浪淘沙〉》。

十一月二十日，在《大公报》"影谈"专栏发表《资本主义的理论——谈〈纵横天下〉》。

十一月二十三日，在《大公报》"影谈"专栏发表《"昆仑"的九部影片》。

十一月二十六日，在《大公报》"影谈"专栏发表《五大城市五女人——谈〈蔷薇处处开〉》。

十一月二十八日，在《大公报》"影谈"专栏发表《一件极好的事业——谈〈桃李春风〉》。

十一月三十日，在《大公报》"影谈"专栏发表《小丑化的假钦差——谈丹尼基的〈钦差大臣〉》。

十一月，在《长城画报》第四十五期发表《谈电影的风格》，署名林欢。

十二月三日，在《大公报》"影谈"专栏发表《有这样两种女人——谈〈欲焰春潮〉》。

十二月五日，在《大公报》"影谈"专栏发表《有时极好有时糟——谈〈赤足天使〉》。

十二月八日，在《大公报》"影谈"专栏发表《看〈梁山伯与祝英台〉》。

十二月十一日，在《大公报》"影谈"专栏发表《爱情与事业之间——谈〈女人世界〉》。

十二月十二日，在《大公报》"影谈"专栏发表《全片只有四个人——谈〈绿野春浓〉》。

十二月十五日，在《大公报》"影谈"专栏发表《谈〈梁祝〉与〈铸情〉》。

十二月十八日，在《大公报》"影谈"专栏发表《答读者问》。

十二月二十一日，在《大公报》"影谈"专栏发表《两段卡通可以一看——谈〈钻石大盗〉》。

十二月二十二日，《幸福婚姻讲座》连载暂停一天，次日继续。

十二月二十四日，在《大公报》"影谈"专栏发表《新娘给德国飞机炸死了——谈〈紫色平原〉》。

十二月二十六日，在《大公报》"影谈"专栏发表《医报两界的丑态——谈〈糊涂大国手〉》。

十二月三十一日，在《大公报》"影谈"专栏发表《〈梁祝〉的"十八相送"》。

十二月，在《长城画报》第四十六期发表《短篇小说式的电影》，署名林欢。

是年，长城电影公司拍摄电影《兰花花》。该片由程步高导演，查良镛以"林欢"为笔名编剧，石慧、傅奇主演。

一九五五年 三十一岁

一月一至三日，《幸福婚姻讲座》连载暂停三天。

一月六日，在《大公报》"影谈"专栏发表《对话精彩 歌唱太多——谈〈学生王子〉》。

一月九日，在《大公报》"影谈"专栏发表《结一张网来害人——谈〈黑寡妇〉》。

一月十日，在《大公报》"影谈"专栏发表《关于〈铸情〉》；《幸福婚姻讲座》连载结束，凡七十四期。

一月十四日，在《大公报》"影谈"专栏发表《珍茜蒙斯和狄更斯——谈〈孤星血泪〉》。

一月十六日，在《大公报》"影谈"专栏发表《可以训练忍耐力——谈〈万花吐艳〉》。

一月十九日，在《大公报》"影谈"专栏发表《宣传封建婚姻——谈〈纽西兰地震记〉》。

一月二十二日，在《大公报》"影谈"专栏发表《春节期中的电影》。

一月二十三日，在《大公报》"影谈"专栏发表《美丽的北极世界——谈〈北冰洋奇观〉》。

一月二十八日，在《大公报》"影谈"专栏发表《美人鱼上陆——谈〈水晶宫主〉》。

一月二十九日，在《大公报》"影谈"专栏发表《青春的气息——谈〈大儿女经〉》。

一月三十一日，在《大公报》"影谈"专栏发表《七兄弟抢亲——谈〈脂粉七雄〉》。

一月，在《长城画报》第四十七期发表《谈演员的戏路》，署名林欢。

二月一日，在《大公报》"影谈"专栏发表《美国将军开酒店——谈〈大团圆〉》。

二月五日，在《大公报》"影谈"专栏发表《"投降主义"的宣传——谈〈锦绣山河〉》。

二月六日，在《大公报》"影谈"专栏发表《风格清新的佳片——谈〈夷狄情仇〉》。

二月八日，以"金庸"为笔名撰写的第一部武侠小说《书剑恩仇录》开始在《新晚报》连载。

二月九日，在《大公报》"影谈"专栏发表《应该好而不好——谈〈名花倾国两相欢〉》。

二月十一日，在《大公报》"影谈"专栏发表《一个轻松的闹剧——谈〈双龙戏凤〉》。

二月十五日，在《大公报》"影谈"专栏发表《一代艺人的悲剧——谈〈戏国王子〉》。

二月十七日，在《大公报》"影谈"专栏发表《〈戏国王子〉爱荣布斯》。

二月二十日，在《大公报》"影谈"专栏发表

一九五五年二月八日

塞外古道上的奇遇

书剑恩仇录·金庸

「将军百战身名裂,向河梁,回头万里,故人长绝。易水萧萧西风冷,满座衣冠似雪,正壮士悲歌未彻。啼鸟还知如许恨,料不啼清泪长啼血。谁共我,醉明月。」

这首气势轩昂、志行磊落的作品——是南宋爱国词人辛弃疾的「贺新郎」词,一个精神饱满的老者,骑在马上,满脸慷慨地低声哼着这首词。他近六十岁年纪,精神充沛。老者身上一件大貂皮袍,马鞭一挥,纵骑驰上古道,那是清乾隆二十年的秋天,安徽将军李可秀任在浙江。李可秀久历行伍,在甘肃新疆做过一带防官多年,所以家眷都在官衙居住。他接到调任浙江的命令后,带了翻佐僚属先行,家眷以及仰慕前来的,随后跟去。李可秀军功卓著,但他平生惟一钟爱的女儿。女儿名叫李沅芷,那是李可秀在湘西做官时所生,所以名沅芷。

李沅芷的师父,说来有一段机缘巧合的故事。

(一)

1955 年 2 月 8 日,《书剑恩仇录》
开始在《新晚报》连载。(于鹏提供)

《得到真正的生命——谈〈木偶奇遇记〉》。

二月二十二日，在《大公报》"影谈"专栏发表《有趣而不感动人——谈〈龙凤配〉》。

二月二十四日，在《大公报》"影谈"专栏发表《杂谈〈龙凤配〉》。

二月，在《长城画报》第四十八期发表《电影中的冲突》，署名林欢。

三月二日，在《大公报》"影谈"专栏发表《明星制度的悲剧——谈〈星海浮沉录〉》。

三月三日，在《大公报》"影谈"专栏发表《谈〈青春之恋〉》。

三月六日，在《大公报》"影谈"专栏发表《答读者的来信》。

三月八日，在《大公报》"影谈"专栏发表《一些丑恶的欲望——谈〈雨月物语〉》。

三月十日，在《大公报》"影谈"专栏发表《乌克兰艺术音乐会》。

三月十一日，在《大公报》"影谈"专栏发表《现代化的"卡门"——谈〈胭脂虎新传〉》。

三月十三日，在《大公报》"影谈"专栏发表《苏格兰的"桃花源"——谈〈锦绣天堂〉》。

三月十六日，在《大公报》"影谈"专栏发表《有趣的喜剧片——谈〈女大不中留〉》。

三月十八日，在《大公报》"影谈"专栏发表《傻则傻矣，风流未必——谈〈风流傻兵〉》。

三月二十日，在《大公报》"影谈"专栏发表《答复读者来信》。

三月二十四日，在《大公报》"影谈"专栏发表《侮辱荷兰的英雄——谈〈谍网风云〉》。

三月二十七日，在《大公报》"影谈"专栏发表《在窗口偷看秘密——谈〈后窗〉》。

三月三十一日，在《大公报》"影谈"专栏发表《侦探小说与〈后窗〉》。

三月，在《长城画报》第四十九期发表《故事好 讲得好》，同时发表电影《三恋》插曲《问你一问》歌词，草田作曲，均署名林欢。

四月二日，在《大公报》"影谈"专栏发表《十年前的英格烈褒曼——谈〈铁马霓裳〉》。

四月五日，在《大公报》"影谈"专栏发表《了不起的奇才——〈乐苑神童〉》。

四月七日，在《大公报》"影谈"专栏发表《有技术而无内容——谈〈孽恋〉》。

四月十日，在《大公报》"影谈"专栏发表《性·梦·犯罪——谈〈寒夜飞尸〉》。

四月十四日，在《大公报》"影谈"专栏发表《答复读者来信》。

四月十五日，在《大公报》"影谈"专栏发表《幸福是什么？——谈〈水晶宫〉》。

四月十七日，在《大公报》"影谈"专栏发表《精采绝伦之作——谈〈摩登时代〉》。

四月二十日，在《大公报》"影谈"专栏发表《民间文学和〈梁祝〉》。

四月二十四日，在《大公报》"影谈"专栏发表《沉闷的金像奖片——谈〈蓬门淑女〉》。

四月二十七日，在《大公报》"影谈"专栏发表《再谈〈水晶宫〉》。

四月二十八日，在《大公报》"影谈"专栏发表《英国的金像奖》。

四月，在《长城画报》第五十期发表《谈侦探片》，同时发表电影《三恋》插曲《孩子的委屈》歌词，草田作曲，均署名林欢。

五月一日，在《大公报》"影谈"专栏发表《无可再糟的剧本——谈〈小丑大王〉》。

五月六日，在《大公报》"影谈"专栏发表《再谈〈孽恋〉》。

五月七日，在《大公报》"影谈"专栏发表《美丽的童话片——谈〈小白兔〉》。

五月十三日，在《大公报》"影谈"专栏发表《无法无天的女生——谈〈荒唐女校〉》。

五月十五日，在《大公报》"影谈"专栏发表《诗一般的舞蹈——谈〈天鹅湖舞曲〉》。

五月十九日，在《大公报》"影谈"专栏发表《卡通片的内容——谈〈奇妙的商店〉》。

五月二十日，在《大公报》"影谈"专栏发表《兄弟之间的妒忌——谈〈荡母痴儿〉》。

五月二十二至二十四日，在《大公报》"影谈"专栏分上、中、下三期发表《谈〈天鹅湖舞曲〉》。

五月二十九日，在《大公报》"影谈"专栏发表《催眠术教人唱歌——谈〈孽妖情花〉》。

五月三十一日，在《大公报》"影谈"专栏发表《恋爱·了解·信任——谈〈闪电恋爱〉》。

五月，在《长城画报》第五十一期发表《关于阔银幕的三个问题》，同时发表电影《少女的烦恼》插曲《女儿心》歌词，于粦作曲，均署名林欢。

六月二日，在《大公报》"影谈"专栏发表《美国的一位牧师——谈〈情圣〉》。

六月四日，在《大公报》"影谈"专栏发表《巴黎的傻瓜们——谈〈海欲春光〉》。

六月八日，在《大公报》"影谈"专栏发表《法律胜过了正义——谈〈铁胆英雄〉》。

六月十日，在《大公报》"影谈"专栏发表《汤姆斯曼和电影》。

六月十二日，在《大公报》"影谈"专栏发表《长腿爹爹》。

六月十五日，在《大公报》"影谈"专栏发表《四十年如一日——谈〈铁路英雄传〉》。

六月十七日，在《大公报》"影谈"专栏发表《古希腊式的生活——谈〈雅典娜〉》。

六月十八日，在《大公报》"影谈"专栏发表《只看阿历坚尼斯一人——谈〈巴黎艳迹〉》。

六月二十五日，在《大公报》"影谈"专栏发表《两点不同的地方——谈〈战地天使〉》。

六月二十八日，在《大公报》"影谈"专栏发表《谈〈敦煌壁画〉》。

六月三十日，在《大公报》"影谈"专栏发表《一部好的翻版戏——谈〈孤城虎将〉》。

六月，在《长城画报》第五十二期发表《电影与报纸》，署名林欢。

七月三日，在《大公报》"影谈"专栏发表《理智地处理爱情——谈〈迷途的爱情〉》。

七月六日，在《大公报》"影谈"专栏发表《瑕瑜互见的作品——谈〈双城记〉》。

七月八日，在《大公报》"影谈"专栏发表《卡鲁索的一段生活——谈〈歌王情泪〉》。

七月九日，在《大公报》"影谈"专栏发表《四

电影《不要离开我》海报

个红发女人——谈〈先生艳史〉》。

七月十四日，在《大公报》"影谈"专栏发表《战时的悲欢离合——谈〈不要离开我〉》。当天，长城电影公司拍摄的电影《不要离开我》上映。该片由袁仰安导演，查良镛以"林欢"为笔名编剧，刘恋、夏梦、傅奇主演。

七月十五日，在《大公报》"影谈"专栏发表《戏剧化的纪录片——谈〈沙漠奇观〉》。

七月十七日，在《大公报》"影谈"专栏发表《从话剧〈家〉谈起》。

七月二十一日，在《大公报》"影谈"专栏发表《英国人谈〈梁祝〉》。

七月二十二日，在《大公报》"影谈"专栏发表《傲慢的浪子——谈〈名士风流〉》。

七月二十四日，在《大公报》"影谈"专栏发表《日本的文艺片——谈〈郎情妾意〉》。

七月二十八日，在《大公报》"影谈"专栏发表《滑稽的鬼故事——谈〈浪漫春宵〉》。

七月三十日，在《大公报》"影谈"专栏发表《只有外形的美——谈〈地狱门〉》。

七月，在《长城画报》第五十三期发表《电影中的心理分析》，署名林欢。

八月三日，在《大公报》"影谈"专栏发表《一朵小红花及〈苏联体育冠军大决赛〉》。

八月七日，在《大公报》"影谈"专栏发表《中国化了的喜剧——谈〈视察专员〉》。

八月十日，在《大公报》"影谈"专栏发表《娶七个太太的人——谈〈痴凤狂鸾〉》。

八月十四日，在《大公报》"影谈"专栏发表《不落俗套的结局——谈〈少女的烦恼〉》。

八月十六日，在《大公报》"影谈"专栏发表《有趣的讽刺——谈〈罗拔先生〉》。

八月十九日，在《大公报》"影谈"专栏发表《生猛女仔追男人——谈〈过关斩将〉》。

八月二十日，在《大公报》"影谈"专栏发表《国际歌舞表演会——谈〈父子团圆〉》。

八月二十三日，在《大公报》"影谈"专栏发表《有主题的侦探片——谈〈钻花窃贼〉》。

八月二十六日，在《大公报》"影谈"专栏发表《在娱乐看 Z 弹》。

八月二十八日，在《大公报》"影谈"专栏发表《舒服的战俘营——谈〈冲破天牢〉》。

八月，在《长城画报》第五十四期发表《电影演员与话剧》，署名林欢。

九月一日，在《大公报》"影谈"专栏发表《想象力太过贫乏——谈〈仙履姻缘〉》。

九月三日，在《大公报》"影谈"专栏发表《新颖的政治比喻——谈〈苹梦留痕〉》。

九月四日，在《大公报》"影谈"专栏发表《质朴热情的英雄——谈〈伟大的战士〉》。

九月八日，在《大公报》"影谈"专栏发表《〈龙虎干戈〉的历史背境》。

九月九日，在《大公报》"影谈"专栏发表《答复读者的来信》。

九月十一日，在《大公报》"影谈"专栏发表《冒险与人情味——谈〈霸王艳后〉》。

九月十三日，在《大公报》"影谈"专栏发表《长城电影周》。

九月十五日，在《大公报》"影谈"专栏发表《再谈〈霸王艳后〉》。

九月十七日，在《大公报》"影谈"专栏发表《纯朴细腻的白描——谈〈一年之计〉》。

九月二十日，在《大公报》"影谈"专栏发表《并不好看的旧片——谈〈丽日春宵〉》。

九月二十二日，在《大公报》"影谈"专栏发表《看珍茜蒙丝——谈〈雾夜情杀案〉》。

九月二十四日，在《大公报》"影谈"专栏发表《苏曼殊的故事——谈〈樱都艳迹〉》。

九月二十七日，在《大公报》"影谈"专栏发表

《过了时的风格——谈〈旧爱新宠〉》。

九月二十九日，在《大公报》"影谈"专栏发表《巴黎夜总会景色——谈〈巴黎春色〉》。

九月，在《长城画报》第五十五期发表《谈文艺片》，署名林欢。

十月一日，在《大公报》"影谈"专栏发表《异常的巧妙丰富——谈〈中国武术大观〉》。

十月五日，在《大公报》"影谈"专栏发表《十分难得的杰作——谈〈抗暴怒潮〉》，在《新晚报》发表《漫谈〈书剑恩仇录〉》。

十月九日，在《大公报》"影谈"专栏发表《〈抗暴怒潮〉的历史背境》。

十月十一日，在《大公报》"影谈"专栏发表《令人精神振奋——谈〈西厢琴断〉》。

十月十五日，在《大公报》"影谈"专栏发表《幻想的潜水艇——谈〈海底六万里〉》。

十月十八、十九日，在《大公报》"影谈"专栏分上下两期发表《一个常见的主题》。

十月二十二日，在《大公报》"影谈"专栏发表《印度电影周与〈两亩地〉》。

十月二十五日，在《大公报》"影谈"专栏发表《和身体上的不幸相斗争——电影中的一个主题》。

十月二十七日，在《大公报》"影谈"专栏发表

《有趣深刻的神话——谈〈冷暖情心〉》。

十月二十九日，在《大公报》"影谈"专栏发表《滑稽得不大够——谈〈七小福〉》。

十月，在《长城画报》第五十六期发表《谈旧片重影》，署名林欢。

十一月一日，在《大公报》"影谈"专栏发表《极好的音乐片——谈〈仙乐飘飘万古情〉》。

十一月五日，在《大公报》"影谈"专栏发表《有趣的讽刺——谈〈傻人升官〉》。

十一月六日，在《大公报》"影谈"专栏发表《不要由父亲包办——谈〈妇女之间〉》。

十一月十六日，在《大公报》"影谈"专栏发表《道德再加技术——谈〈莫斯科球队远征记〉》。

十一月十九日，在《大公报》"影谈"专栏发表《美国片与中国人——谈〈生死恋〉》。

十一月二十二日，在《大公报》"影谈"专栏发表《激起观众的想象——谈〈魔窟枭雄〉》。

十一月二十四日，在《大公报》"影谈"专栏发表《带枪的神甫——谈〈乱世情天〉》。

十一月二十六日，在《大公报》"影谈"专栏发表《在广州看苏联片》。

十一月二十九日，在《大公报》"影谈"专栏发表《〈卡门〉及其他——谈〈五一节日的晚会〉》。

十一月，在《长城画报》第五十七期发表《电影中的女子职业》，署名林欢。

十二月三日，在《大公报》"影谈"专栏发表《金龟婿的重要——谈〈海棠红〉》。

十二月四日，在《大公报》"影谈"专栏发表《客气攻势与扮鬼——谈〈阖第光临〉》。

十二月八日，在《大公报》"影谈"专栏发表《摆脱不了的轻浮——谈〈情魔〉》。

十二月十日，在《大公报》"影谈"专栏发表《女子的职业问题——谈〈我是一个女人〉》。

十二月十三日，在《大公报》"影谈"专栏发表《强盗发善心——谈〈江湖三怪〉》。

十二月十五日，在《大公报》"影谈"专栏发表《八家人家的共处——谈〈水火之间〉》。

十二月十七日，在《大公报》"影谈"专栏发表《再谈〈水火之间〉》。

十二月二十日，在《大公报》"影谈"专栏发表《手拿钱袋的英雄——从〈纵横天下〉谈起》。

十二月二十二日，在《大公报》"影谈"专栏发表《脱衣舞与鲁拜集——谈〈禁宫宝盒〉》。

十二月二十四日，在《大公报》"影谈"专栏发表《一年来的国语片》。

十二月二十七日，在《大公报》"影谈"专栏发表《一个新的神话——谈〈光明之路〉》。

十二月二十九日，在《大公报》"影谈"专栏发表《三部很好的卡通——谈〈御贼〉》。

十二月，在《长城画报》第五十八期发表《电影中的风俗习惯》，署名林欢。

一九五六年　三十二岁

一月一日，《碧血剑》开始在《香港商报》连载。

同日，在《大公报》"影谈"专栏发表《〈秦香莲〉的主题》。

一月六日，在《大公报》"影谈"专栏发表《〈秦香莲〉中的冲突》。

一月九日，在《大公报》"影谈"专栏发表《卑鄙的好医生——谈〈明月冰心照杏林〉》。

一月十日，在《大公报》"影谈"专栏发表《江湖派的钢琴家——谈〈琴韵心声〉》。

一月十二日，在《大公报》"影谈"专栏发表《是这个脸庞么？——谈〈风流皇后〉》。

一月十四日，在《大公报》"影谈"专栏发表《帮助国王的侠盗——谈〈侠盗罗宾汉〉》。

一月十六日，在《大公报》"影谈"专栏发表《轻松的侦探片——谈〈捉贼记〉》。

一月十九日，在《大公报》"影谈"专栏发表《〈秦香莲〉中的包公》。

一月二十日，在《大公报》"影谈"专栏发表《请读者们提意见》。

一月二十四日，在《大公报》"影谈"专栏发表

《腐朽的上流社会——谈〈四十二年风流账〉》。

一月二十六日，在《大公报》"影谈"专栏发表《漫谈〈美景良辰〉》。

一月二十八日，在《大公报》"影谈"专栏发表《此情可待成追忆——谈〈情断奈何天〉》。

一月三十一日，在《大公报》"影谈"专栏发表《文华电影周》。

一月，在《长城画报》第五十九期发表《今年的愿望》，署名林欢；译文《德西嘉自传》，署"林欢译"。

二月二日，在《大公报》"影谈"专栏发表《英国式的喜剧——谈〈飞车艳史〉》。

二月四日，在《大公报》"影谈"专栏发表《常常满座的旧片——谈〈夜店〉》。

二月七日，在《大公报》"影谈"专栏发表《海军军官做主妇——谈〈新儿女经〉》。

二月九日，在《大公报》"影谈"专栏发表《人之初，性本善——谈〈孤儿乐园〉》。

二月二十二、二十三日，在《大公报》"影谈"专栏分上下两期发表《谈〈木马屠城记〉》。

二月，在《长城画报》第六十期发表《电影的多样性》，署名林欢；译文《新现实主义的开始——德西嘉自传（之二）》，署"林欢译"。

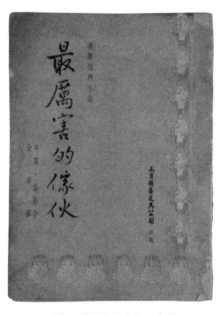

译作《最厉害的家伙》书影

三月七日，在《大公报》"影谈"专栏发表《谈〈孽海情潮〉》。

三月十三日，在《大公报》"影谈"专栏发表《谈〈狂恋〉》。

三月二十六日，在《大公报》"影谈"专栏发表《〈黄金万两〉与〈奥赛洛〉》。

三月二十七日，在《大公报》"影谈"专栏发表《谈〈君子好逑〉》。

三月二十八日，在《大公报》"影谈"专栏发表《〈中国民间艺术〉》。

三月，在《长城画报》第六十一期发表《对歌唱片的爱好》，署名林欢；译文《拍摄〈单车窃贼〉——德西嘉自传（之三）》，署"林欢译"。

四月九日，在《大公报》"影谈"专栏发表《占士甸音容宛在——谈〈阿飞正传〉》。

四月十二日，在《大公报》"影谈"专栏发表《中年女人的寂寞——谈〈春心托杜鹃〉》。

四月，在《长城画报》第六十二期发表《谈纪录片》，署名林欢；译文《〈米兰的奇迹〉及其他——德西嘉自传（之四）》，署"林欢译"。

四月，译作《最厉害的家伙》由香港三育图书文具公司出版，原书作者为美国作家丹蒙·伦扬（Damon Runyon），译者署名金庸。是书一共收录了

1956 年 5 月 1 日，金庸、朱玫在美丽华酒店举行婚礼。

作者的七个短篇小说：《吃饭比赛》《柠檬少爷》《记者之妻》《十二枪将》《最厉害的家伙》《超等大脚》《恋爱之王》。未收《会一会总统》。

五月一日，与朱玟在美丽华酒店举行婚礼。朱玟原名朱梅，一九三五年生，毕业于香港大学，时为《大公报》新闻记者。

五月八日，在《大公报》"影谈"专栏发表《没有热情的生活——谈〈天鹅公主〉》。

五月十日，在《大公报》"影谈"专栏发表《活生生的希特勒——谈〈希魔末日〉》。

五月十四日，在《大公报》"影谈"专栏发表《文戏武做的影片——谈〈少奶奶之谜〉》。

五月十六日，在《大公报》"影谈"专栏发表《歌颂王老五生活——谈〈温柔陷阱〉》。

五月二十七日，在《大公报》"影谈"专栏发表《玛丁嘉露论》。

五月二十九、三十日，在《大公报》"影谈"专栏分上下两期发表《谈〈罗米欧与朱丽叶〉》。

五月，在《长城画报》第六十三期发表《〈梁祝〉在星马上映》，署名林欢；电影歌曲《上轿歌》歌词一首，于粦作曲，署名林欢；又发表译文《〈孽恋〉——德西嘉自传（之五）》，署"林欢译"。

六月十七日，在《大公报》"影谈"专栏发表

《〈罗米欧与朱丽叶〉的含义》。

六月十八日，中国民间艺术团莅港演出，引起轰动。从次日起，《大公报》连续多日多次用整版大幅报道、评介中国民间艺术团的活动与演出。查良镛加紧学习曲艺知识，几乎都是当晚看戏、赶写解说和评论，第二天在报上刊出。

六月二十八、二十九日，分上下两期在《大公报》发表《吟到恩仇心事涌——谈〈庆顶珠〉》，署名林欢。

六月，在《长城画报》第六十四期发表《对少年儿童的影响》，署名林欢；另发表译文《为了做导演，只好做演员——德西嘉自传（之六）》，署"林欢译"，连载完毕。

七月十日，在《大公报》发表《谈〈狮子楼〉》，署名林欢。

七月十二日，在《大公报》发表《谈〈姚期〉》，署名林欢。

七月十三日，在《大公报》发表《剑舞·善舞·狮子舞》，署名林欢。

七月十四日，在《大公报》发表《谈〈盗御马〉》，署名林欢。

七月十六日，在《大公报》发表《谈〈空城计〉》，署名林欢。

七月十七日，在《大公报》发表《〈斩雄信〉与

〈桑园会〉》，署名林欢。

七月十八日，在《大公报》发表《黄虹八歌》，署名姚嘉衣。

七月十九日，在《大公报》发表《谈几首歌曲》，署名姚嘉衣。

七月二十四日，在《大公报》发表《谈〈天仙配〉》，署名姚嘉衣。

七月二十八日，在《大公报》"影谈"专栏发表《再谈〈天仙配〉》。

七月，在《长城画报》第六十五期发表《向京戏学习》，署名林欢。

八月二日，在《大公报》"影谈"专栏发表《〈天仙配〉与希腊神话》。

八月八日，在《大公报》"影谈"专栏发表《英军与阿拉伯人——谈〈百战忠魂〉》。

八月十三日，在《大公报》"影谈"专栏发表《华格纳的一生——谈〈乐圣情魔〉》。

八月十四日，在《大公报》"影谈"专栏发表《再谈〈乐圣情魔〉》。

八月十七日，在《大公报》"影谈"专栏发表《盲人捉凶记——谈〈雾夜追踪〉》。

八月二十二日，在《大公报》"影谈"专栏发表《从〈雾夜追踪〉谈起》。

电影《三恋》广告

八月，在《长城画报》第六十六期发表《中国民间艺术与电影》《电影艺术浅说之一》，署名林欢。

九月五日，《书剑恩仇录》连载完毕。

九月八日，在《大公报》"影谈"专栏发表《一群真实的人物——谈〈六月六日断肠时〉》。

九月十三日，在《大公报》"影谈"专栏发表《谈金童与玉女》。

九月十七日，在《大公报》"影谈"专栏发表《最残酷的行动——谈〈搜索者〉》。

九月十八日，长城电影公司拍摄电影《三恋》上映。该片由袁仰安导演，查良镛以"林欢"为笔名编剧，鲍方、毛妹、傅奇主演。片中有两首插曲《问你一问》《孩子的委屈》均由林欢作词，草田作曲，分别由夏梦、毛妹演唱。

九月十九日，在《大公报》"影谈"专栏发表《有趣的异想天开——谈〈三恋〉》。

九月，在《长城画报》第六十七期发表《电影中的百花齐放》《电影艺术浅说之二——学看电影》；另发表电影歌曲《清洁整齐歌》歌词一首，草田作曲。三篇作品均署名林欢。

十月三日，在《大公报》"影谈"专栏发表《上海的少年们——谈〈青春的园地〉》。

十月十三日，在《大公报》"影谈"专栏发表

《中国民间艺术漫谈》书影

《懂得了"流氓统治"——谈〈新婚第一夜〉》。

十月十六日，在《大公报》"影谈"专栏发表《编导演均佳——谈〈之子于归〉》。

十月二十四日，在《大公报》"三剑楼随笔"专栏发表《〈想思曲〉与小说》。

十月二十七日，在《大公报》"三剑楼随笔"专栏发表《看李克玲的画》。

十月三十一日，在《大公报》"三剑楼随笔"专栏发表《钱学森夫妇的文章》。

十月，《中国民间艺术漫谈》由长城画报社出版，作者署名林欢。

十月，在《长城画报》第六十八期发表《谈电影中的言论》《电影艺术浅说之三——脸的表情》，署名林欢。

十一月三日，在《大公报》"三剑楼随笔"专栏发表《费明仪和她的歌》。

十一月七日，在《大公报》"三剑楼随笔"专栏发表《围棋杂说》。

十一月九日，在《大公报》"影谈"专栏发表《从〈孽海花〉谈起》。

十一月十日，在《大公报》"三剑楼随笔"专栏发表《顾梁汾赋赎命词》。

十一月十四日，在《大公报》"三剑楼随笔"专栏发表《快乐和庄严——法国影人谈中国人》。

十一月十七日，在《大公报》"三剑楼随笔"专栏发表《郭子仪的故事》。

十一月二十一日，在《大公报》"三剑楼随笔"专栏发表《代宗·沈后·升平公主》。

十一月二十四日，在《大公报》"三剑楼随笔"专栏发表《马援见汉光武》。

十一月二十八日，在《大公报》"三剑楼随笔"专栏发表《马援与二徵王》。

十一月，在《长城画报》第六十九期发表《谈电影的结尾》《电影艺术浅说之四——镜头的角度》，署名林欢。

十二月一日，在《大公报》"三剑楼随笔"专栏发表《无比敌有什么意义？》。

十二月五日，在《大公报》"三剑楼随笔"专栏发表《无比敌有什么好处？》。

十二月八日，在《大公报》"三剑楼随笔"专栏发表《历史性的一局棋》。

十二月十二日，在《大公报》"三剑楼随笔"专栏发表《也谈对联》。

十二月十五日，在《大公报》"三剑楼随笔"专栏发表《月下老人祠的签词》。

十二月十九日，在《大公报》"三剑楼随笔"专栏发表《舞蹈杂谈》。

十二月二十二日，在《大公报》"三剑楼随笔"专栏发表《书的"续集"》。

十二月二十六日，在《大公报》"三剑楼随笔"专栏发表《圣诞节杂感》。

十二月二十九日，在《大公报》"三剑楼随笔"专栏发表《谈各国象棋》。

十二月，在《长城画报》第七十期发表《谈中国风格》，署名林欢。

十二月三十一日，《碧血剑》连载完毕。

是年十月至次年一月三十日间，长子查传侠生。

《碧血剑》书影

1956 年底，金庸（左三）在长城电影公司除夕晚会上。

一九五七年 三十三岁

一月一日，长篇小说《射雕英雄传》开始在《香港商报》副刊连载。

一月四日，在《大公报》"三剑楼随笔"专栏发表《从〈小梅的梦〉谈起》。

一月八日，在《大公报》"三剑楼随笔"专栏发表《民歌中的讽刺》。

一月十一日，在《大公报》"三剑楼随笔"专栏发表《最近的三台京戏》。

一月十五日，在《大公报》"三剑楼随笔"专栏发表《摄影杂谈》。

一月十八日，在《大公报》"三剑楼随笔"专栏发表《从一位女明星谈起》；在"影谈"专栏发表《谈〈南岛风云〉》，署名姚嘉衣。

一月二十二日，在《大公报》"三剑楼随笔"专栏发表《圆周率的推算》；在"影谈"专栏发表《没有父亲的孩子——谈〈小月老〉》。

一月二十五日，在《大公报》"三剑楼随笔"专栏发表《谈谜语》。

一月二十八日，在《大公报》"影谈"专栏发表《谈〈黑将军奥塞洛〉》。

一月二十九日，在《大公报》"三剑楼随笔"专栏发表《"大国者下流"》。

一月三十日，在《大公报》"影谈"专栏发表《再谈〈奥瑟罗〉》。

一月，在《长城画报》第七十一期发表《从一次选举谈起》，署名林欢。

二月十五至十七日，在《大公报》"影谈"专栏分上中下三期发表《谈〈码头风云〉》。

二月，在《长城画报》第七十二期发表《名著的改编》；另发表电影歌曲《一间小小的屋子》歌词一首，于粦作曲。均署名林欢。

三月十五日，在《大公报》"影谈"专栏发表《谈〈娇娃春情〉》。

三月十七至十九日，在《大公报》"影谈"专栏分上中下三期发表《谈〈战争与和平〉》。

三月，在《长城画报》第七十三期发表《从"电影学"谈起》，另发表电影歌曲《割稻歌》歌词一首，于粦作曲。均署名林欢。

四月三、四日，在《大公报》"影谈"专栏分上下两期发表《谈〈李察三世〉》。

四月十一日，影片《绝代佳人》在北京举行的中国文化部一九四九——一九五五年优秀影片授奖大会上获得优秀影片荣誉奖。查良镛获得编剧金质奖章一枚。

林欢词、于粦曲的电影歌曲《一间小小的屋子》，载于《长城画报》第七十二期。（赵跃利提供）

四月十八日，长城电影公司拍摄电影《小鸽子姑娘》上映。该片由程步高导演，查良镛以"林欢"为笔名编剧，傅奇、石慧主演。片中有八首插曲《割稻歌》《越穷越是骨头硬》《懒惰的老爷来做梦》《财主与怪鸟》《清洁齐整歌》《人好不怕家里穷》《大平和乡亲》《黑黑的泥土是宝贝》，均由林欢作词，分别由于成中、草田、于粦作曲，石慧等演唱。

四月，在《长城画报》第七十四期发表《优秀影片的标准》；另发表电影歌曲《猜谜歌》歌词一首，于粦作曲。均署名林欢。《猜谜歌》系为《小鸽子姑娘》创作，在一连串出题、猜谜、反出题的进程中，同时透露内心的爱情。长城歌咏团已进行排练，但因时间仓促，未在电影中使用。

五月一、三日，在《大公报》"影谈"专栏分上下两期发表《谈〈第十二夜〉》。

五月，与百剑堂主、梁羽生合著的《三剑楼随笔》单行本由香港文宗出版社刊行。

五月，在《长城画报》第七十五期发表《旧片的重映》，另发表电影《小鸽子姑娘》插曲《黑黑的泥土是宝贝》歌词一首，于粦作曲。均署名林欢。

六月，在《长城画报》第七十六期发表《彩色的道路》；另发表电影歌曲《懒惰的老爷来做梦》歌词一首，于成中作曲。均署名林欢。

电影《小鸽子姑娘》海报

《三剑楼随笔》书影

1957 年 10 月 5 日，金庸在《新晚报》发表《谈批评武侠小说的标准》。(于鹏提供)

六月三十日至七月一日，在《大公报》分两期发表《在广州看武术》，署名金庸。

七月五日，在《大公报》"影谈"专栏发表《谈旧片的重映》。这是署名姚嘉衣的最后一篇文章。

七月，在《长城画报》第七十七期发表《谈亚洲各国的电影》，署名林欢。

八月，在《长城画报》第七十八期发表《悼周璇》，署名林欢。

九月，在《长城画报》第七十九期发表《电影为什么会沉闷》，署名林欢。

十月五日，在《新晚报》发表《谈批评武侠小说的标准》。

十月，在《长城画报》第八十期发表电影歌曲《人好不怕家里穷》歌词，署名林欢。

十一月，在《长城画报》第八十一期发表《集体智慧的综合》，署名林欢。

十二月，在《长城画报》第八十二期发表《拍外景》，署名林欢。

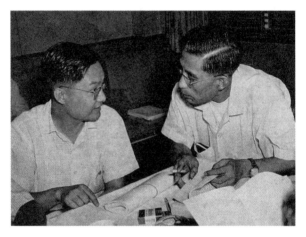

　　1958 年 7 月 26 日，金庸、胡鹏交流电影《射雕英雄传》的拍摄意见。

一九五八年 三十四岁

一月九日，电影《兰花花》上映。

一月，在《长城画报》第八十三期发表《"给编导们写信！"》及电影《有女怀春》插曲《从前有个小傻瓜》歌词一首，草田编曲。均署名林欢。

二月，在《长城画报》第八十四期发表《经济萧条与电影市场》及电影《有女怀春》插曲《快乐的人儿》歌词，草田编曲。均署名林欢。

三月，在《长城画报》第八十五期发表《电影观众的年龄》，署名林欢。

四月，在《长城画报》第八十六期发表《从〈风筝〉谈起》，署名林欢。

五月，在《长城画报》第八十七期发表《电影中的音响》，署名林欢。

六月十一日，长城电影公司拍摄电影《有女怀春》上映。该片由程步高与林欢合作导演，林欢编剧，陈思思、冯琳、傅奇、龚秋霞主演。

六月，在《长城画报》第八十八期发表《美国影业的衰退》，署名林欢。

七月二十六日，香港峨嵋影片公司决定由胡鹏执导拍摄电影《射雕英雄传》，此为金庸小说改编为影视剧作品之始，其时原著尚在连载之中。

　　香港峨嵋影片公司拍摄的《射雕英雄传》，为金庸小说改编为影视剧作品之始。

八月十三日，在《香港商报》"生活顾问"专栏发表《关于〈碧血剑〉〈射雕英雄传〉……金庸公开答复读友》。

九月，在《长城画报》第八十九期发表《谈〈阿Q正传〉的得奖》，署名林欢。

十月五日，在《新晚报》发表《给〈新晚报〉送礼》，署名林欢。

十月七日，在《大公报》"三剑楼随笔"专栏发表《原子堆和回旋加速器生产什么？》。

十月十四日，在《大公报》"三剑楼随笔"专栏发表《谈影片〈十戒〉（上）》。

十月十五日，在《大公报》"三剑楼随笔"专栏发表《谈影片〈十戒〉（下）》。

十月二十一日，在《大公报》"三剑楼随笔"专栏发表《鲁迅先生谈香港》。

十月二十三日，电影《射雕英雄传》上集上映。曹达华、容小意主演。次年六月三日，下集上映。

十月二十八日，在《大公报》"三剑楼随笔"专栏发表《有才无行钱谦益》。

十月，在《长城画报》第九十期发表《谈"倒叙"手法》，署名林欢。

十一月四日，在《大公报》"三剑楼随笔"专栏发表《谈南洋兄弟烟草公司》。

《长城画报》第九十期，封面明星为夏梦。这是最后一期刊有金庸文章的《长城画报》。（赵跃利提供）

十一月十一日，在《大公报》"三剑楼随笔"专栏发表《"傲慢与偏见"》。

十一月十八日，在《大公报》"三剑楼随笔"专栏发表《凡尔纳的科学小说》。

十一月二十五日，在《大公报》"三剑楼随笔"专栏发表《半斤八两？》。

十二月二日，在《大公报》"三剑楼随笔"专栏发表《禅宗的棒喝与劳动》。

十二月三日，峨嵋影片公司拍摄粤语片《碧血剑》上集上映。李晨风执导，曹达华、上官筠慧等主演。次年七月一日，下集上映。

十二月九日，在《大公报》"三剑楼随笔"专栏发表《"任是无情也动人"？》。

十二月十六日，在《大公报》"三剑楼随笔"专栏发表《谈"不为五斗米折腰"》。

十二月二十三日，在《大公报》"三剑楼随笔"专栏发表《永恒神秘的微笑》。

是年，因长期与《大公报》的管理方式格格不入，转入长城电影公司任专职编导。

金庸在长城电影公司期间与同事合影。前排左起：苏诚寿、金庸、沈天荫、李萍倩、胡小峰；后排左起：查良景（周然）、黄域。

一九五九年 三十五岁

二月九日，长篇小说《雪山飞狐》在《新晚报》开始连载。

三月，拟办小说杂志，与沈宝新注册《野马》。但后来听从报贩建议，准备改出报纸。

五月十九日，《射雕英雄传》连载完毕。

五月二十日，《明报》创刊。与沈宝新分别出资八万、二万元为注册资金。发刊词表明"公正、善良、活泼、美丽"的办报宗旨。

同日，《射雕英雄传》的续书《神雕侠侣》开始在《明报》连载。

六月六日，《明报》发表第一篇社评《我们的立场》。社评表示："我们重视人的尊严。主张每一个人应该享有他应得的权利，主张每个人都应该过一种无所恐惧，不受欺压与虐待的生活。"希望世界和平，经济繁荣，香港居民的生活条件能不断地改善。"我们要尽力帮助这社会公正与善良，那就是我们的立场"。

六月十八日，《雪山飞狐》连载完毕。

七月五日，《明报》发表社评《中国人的尊严》。

八月十日，与朱玫至万国殡仪馆参加八日下午病故的作家上官牧（余阳申）的大殓典礼。

1959 年 2 月 9 日,《雪山飞狐》在《新晚报》开始连载。(于鹏提供)

1959 年 5 月 20 日，《明报》创刊。

电影《午夜琴声》海报

九月五日，《明报》发表社评《党争事小，失土事大》。

九月十日，长城电影公司拍摄电影《午夜琴声》上映。该片由胡小峰导演，林欢编剧，陈思思、平凡主演。

九月二十三日，《明报》发表社评《中国十一放卫星？》。

十月二日，《明报》发表社评《全日放水有感》。

十月十日，《明报》发表社评《本报预测，又获证实》。

十月十六日，《明报》发表社评《论循环日报复刊》。

十一月七日，《明报》发表社评《中共应即进兵南疆》。

十一月九日，《明报》发表社评《三件大事　一于反对》。

十二月十日，《明报》发表社评《最下流之胡适之》。

电影《王老虎抢亲》广告及剧照

一九六〇年 三十六岁

一月七日，《明报》发表社评《猛捧影片"和平万岁"》。

一月十一日，《武侠与历史》小说杂志创刊。长篇小说《飞狐外传》在该刊开始连载。

二月十七日，《明报》发表社评《不分左右反对汉奸》。

二月二十一日，《明报》发表社评《民族、国权、民生》。

三月一日，长城电影公司拍摄越剧电影《王老虎抢亲》上映。该片由胡小峰与林欢合作导演，许莘编剧，夏梦、李嫱主演。

三月三日，《明报》发表社评《中国民气，至大至刚》。

五月二十日，《明报》发表社评《本报创刊周年感言》。

八月二十日，《明报》发表社评《惟汉奸赞成中台国》。

九月六日，《明报》发表社评《卖国投靠，捉之可也》，认为雷震"受美国人之大力支持"，"主张由美国人监督中国内政，又主张成立'中台国'"，支持台湾当局逮捕法办《自由中国》发行人雷震。

　　1960年，金庸与《神雕侠侣》电影主角合影。左起：谢贤、金庸、南红、梁素琴。

九月十四日，《明报》发表社评《绿背者，忽戴红帽》。

十月五日，在《新晚报》发表《〈雪山飞狐〉有没有写完》。

十二月中旬前，完成中篇小说《鸳鸯刀》。

十二月十八日，香港峨嵋电影公司开拍《鸳鸯刀》。

1961 年 1 月 11 日,《鸳鸯刀》开始在《武侠与历史》第三十七期连载。

一九六一年 三十七岁

三月一日，电影《鸳鸯刀》上集上映。同月八日，下集上映。

三月中旬，《鸳鸯刀》开始在《武侠与历史》第三十七期（出版时间标注为一月十一日）连载。

五月一日，《鸳鸯刀》开始在《明报》连载。

五月三十一日，《鸳鸯刀》在《明报》连载完毕。

六月上旬，《鸳鸯刀》在《武侠与历史》第四十期（出版时间标注为二月十一日）连载完毕。

七月六日，《神雕侠侣》的续书《倚天屠龙记》开始在《明报》连载。

七月八日，《神雕侠侣》连载完毕。

七月十六日，《明报》发表社评《本报进行加强国际新闻》。

十月二日，《明报》发表社评《西藏和外蒙都是中国领土》。

十月四日，《明报》发表社评《本报的一个大胆预测》。

十月十一日，《明报》发表社评《和平、奋斗、救中国》。

十月十四日，中篇小说《白马啸西风》开始在《明报》连载。

《倚天屠龙记》书影

十一月十三日，《明报》发表社评《论梁惠王和赫鲁晓夫》。

十一月二十日，《明报》发表社评《蒙古独立，中国之耻》。

一九六二年 三十八岁

一月,《明报》发表社评《一九六二年的预言》。

一月中旬,《白马啸西风》连载完毕。

四月六日,《飞狐外传》连载完毕。

五月,《明报》大肆报道、评论逃亡潮情况,日销量由两万余份一跃而至三万份。其间,写有《协助警方 共渡难关》等十余篇社评,支持港府和遣返政策,同情大陆同胞的遭遇,批评内地的政策失误。

五月十一日,《武侠与历史》第七十九期刊出预告:"金庸先生又一新作《黑旗英雄传》:叙述两广英雄刘永福及其部属之事迹,情节曲折离奇;真人真事,较之凭空创造者更为引人入胜。请注意刊出日期。"《黑旗英雄传》未见问世。

五月十三日,《明报》发表社评《巨大的痛苦和不幸》。

五月十五日,《明报》发表社评《火速! 救命》。

五月二十三日,《明报》发表社评《巨大的定时炸弹》。

六月二十四日,在《明报》副刊"自由谈"的"读史随笔"专栏发表《"不为不可成者"》,署名华小民。

六月三十日,在《明报》副刊"自由谈"的"读史随笔"专栏发表《柳宗元·郭沫若·郭橐驼》。

七月七日，在《明报》副刊"自由谈"的"读史随笔"专栏发表《民食不足，是谁之过》。

七月十二日，在《明报》副刊"自由谈"的"读史随笔"专栏发表《天灾的好处》。

七月十四日，在《明报》副刊"自由谈"的"读史随笔"专栏发表《刘聪的"愧贤堂"》。

八月二十九日，《明报》发表社评《孔夫子的话》。

九月二十三日，《明报》发表社评《人不为己天诛地灭》。

十月五日，在《武侠与历史》第一百期发表《"武史"百期漫谈》。

十月，《明报》发表社评《蒋介石的双十文告》。

十一月，《明报》发表社评《美国声明是非颠倒》《史无前例 潇洒漂亮》，支持中国军队对印度的自卫反击立场，抨击美国政府的无理指责。

十二月一日，开始在《明报》开设"明窗小札"专栏，以"徐慧之"为笔名，写新闻评论。

是年，次子查传偳生。

是年，去广州、佛山、从化、新会、深圳等地。

是年，创办《野马》杂志。

出版《野马》杂志期间，由野马小说杂志出版

译作《情侠血仇记》书影（赵跃利提供）

社出版过一部《情侠血仇记》，署"金庸译"，远东书报公司发行。具体面世年份不详。《情侠血仇记》即大仲马小说《蒙梭罗夫人》。

一九六三年　三十九岁

一月三日,在《明报》"明窗小札"专栏发表《"将我写的字吃下去"》。

一月四日,在《明报》"明窗小札"专栏发表《古巴危机的内幕真相》。

一月五日,在《明报》"明窗小札"专栏发表《"轰炸派"和"封锁派"》。

一月六日,在《明报》"明窗小札"专栏发表《总统之弟　献策见功》。

一月七日,在《明报》"明窗小札"专栏发表《美国侵古的军事计划》。

一月八日,在《明报》"明窗小札"专栏发表《内幕文章　引起抨击》。

一月九日,在《明报》"明窗小札"专栏发表《印尼共党　亲毛反赫》。

一月十日,在《明报》"明窗小札"专栏发表《"不结盟"的共产党》。

一月十一日,在《明报》"明窗小札"专栏发表《亚洲共党的六点立场》。

一月十二日,在《明报》"明窗小札"专栏发表《亚洲共党为何支持中共?》。

一月十四日,在《明报》"明窗小札"专栏发表

《一首苏联新诗：〈害怕〉》。

　　一月十五日，在《明报》"明窗小札"专栏发表《谈〈集中营里的一天〉》。

　　一月十六日，在《明报》"明窗小札"专栏发表《葡萄牙大捧中国人》。

　　一月十七日，在《明报》"明窗小札"专栏发表《明辨是非　积极中立》。

　　一月十九日，在《明报》"明窗小札"专栏发表《九龙城寨　六拆六罢》。

　　一月二十日，在《明报》"明窗小札"专栏发表《十五年前的九龙城事件》。

　　一月二十一日，在《明报》"明窗小札"专栏发表《两个苏联元帅的命令》。

　　一月二十二日，在《明报》"明窗小札"专栏发表《七元五角买一份报纸》。

　　一月二十三日，在《明报》"明窗小札"专栏发表《北京的资产阶级》。

　　一月二十四日，在《明报》"明窗小札"专栏发表《三个问题》。

　　一月二十五日，在《明报》"明窗小札"专栏发表《"他们都没有笑！"》。

　　一月二十九日，在《明报》"明窗小札"专栏发表《英女皇有多少钱》。

一月三十日，在《明报》"明窗小札"专栏发表《"真理是白色的"》。

二月一日，在《明报》"明窗小札"专栏发表《太空武器 位居首席》。

二月四日，在《明报》"明窗小札"专栏发表《老戴不死 美国不安》。

二月五日，在《明报》"明窗小札"专栏发表《从明报起价说起》。

二月八日，在《明报》"明窗小札"专栏发表《"翘鼻冷对千夫指"》。

二月九日，在《明报》"明窗小札"专栏发表《北京大学的一个故事》。

二月十日，在《明报》"明窗小札"专栏发表《谈孟彻斯特的〈卫报〉》。

二月十一日，在《明报》"明窗小札"专栏发表《马列代替了孔孟》。

二月十二日，在《明报》"明窗小札"专栏发表《高棉元首施汉诺》。

二月十三日，在《明报》"明窗小札"专栏发表《铁掌中的肥皂》。

二月十四日，在《明报》"明窗小札"专栏发表《苏联试行"利润动机论"》。

二月十五日，在《明报》"明窗小札"专栏发表

《人民公社和干部》。

二月十六日，在《明报》"明窗小札"专栏发表《包产、包工、包肥料》。

二月十七日，在《明报》"明窗小札"专栏发表《春天早临 印度不安》。

二月十八日，在《明报》"明窗小札"专栏发表《〈印度时报〉和〈自由谈〉》。

二月二十日，在《明报》"明窗小札"专栏发表《塞翁失马 多难兴邦》。

二月二十一日，在《明报》"明窗小札"专栏发表《昔日名将 竞相诿诿》。

二月二十二日，在《明报》"明窗小札"专栏发表《西伯利亚 人口难增》。

二月二十五日，在《明报》"明窗小札"专栏发表《读周榆瑞兄近况有感》。

二月二十六日，在《明报》"明窗小札"专栏发表《苏联妇女努力扮靓》。

二月二十七日，在《明报》"明窗小札"专栏发表《"百货展览会"》。

三月一日，在《明报》"明窗小札"专栏发表《消息报上一场笔战》。

三月四日，在《明报》"明窗小札"专栏发表《反对马来西亚的三仁兄》。

三月五日，在《明报》"明窗小札"专栏发表《达赖自传：吾土与吾民》。

三月六日，在《明报》"明窗小札"专栏发表《十年前的两件事》。

三月七日，在《明报》"明窗小札"专栏发表《苏作家被押入疯人院》。

三月十日，在《明报》"明窗小札"专栏发表《抢了二千多个香港》。

三月十二日，在《明报》"明窗小札"专栏发表《瓦德西看中俄关系》。

三月十六日，在《明报》"明窗小札"专栏发表《二千五百年前的一封信》。

三月十七日，在《明报》"明窗小札"专栏发表《康熙强过彼得大帝》。

三月十八日，在《明报》"明窗小札"专栏发表《三百年前的中俄文件》。

三月十九日，在《明报》"明窗小札"专栏发表《雅克萨之役的大胜》。

三月二十日，在《明报》"明窗小札"专栏发表《康熙出术，折辱俄使》。

三月二十六日，在《明报》"明窗小札"专栏发表《谈〈自由谈〉》。

三月二十七日，在《明报》"明窗小札"专栏发表《罗素的信仰》。

三月二十八日，在《明报》"明窗小札"专栏发表《苏联元帅和袁崇焕》。

三月二十九日，在《明报》"明窗小札"专栏发表《"免于饥饿的宣言"》。

四月六日，在《明报》"明窗小札"专栏发表《苏联集体农场真相》。

四月七日，在《明报》"明窗小札"专栏发表《"迂回曲折"中的插曲》。

四月十一日，在《明报》"明窗小札"专栏发表《秘密武器："愚蠢"》。

四月十二日，在《明报》"明窗小札"专栏发表《一个梦想 一个杂志》。

四月十三日，在《明报》"明窗小札"专栏发表《中共今后的农业》。

四月十四日，在《明报》"明窗小札"专栏发表《中共今后的工业发展》。

四月十五日，在《明报》"明窗小札"专栏发表《中共恢复经济的关键》。

四月十七日，在《明报》"明窗小札"专栏发表《造反、反党和通敌》。

四月十八日，在《明报》"明窗小札"专栏发表《爱伦堡为何受抨击？》。

1963 年 4 月 30 日，《明报》开始连载长文《谈〈彷徨与抉择〉》。（于鹏提供）

四月二十一日，在《明报》"明窗小札"专栏发表《邪派高手赵燕侠》。

四月二十二日，在《明报》"明窗小札"专栏发表《捷克和北京填鸭》。

四月二十五日，在《明报》"明窗小札"专栏发表《台湾武侠小说的套子》。

四月二十六日，在《明报》"明窗小札"专栏发表《〈自由谈〉中三问题》。

四月二十七日，在《明报》"明窗小札"专栏发表《难以相信的慷慨》。

四月三十日，在《明报》"明窗小札"专栏发表《亚洲的三大势力》。

同日，在《明报》连载长文《谈〈彷徨与抉择〉》。

春，《明报》发表社评《中共推行"社会主义教育运动"》，对"社教运动"提出异议。

五月一日，在《明报》"明窗小札"专栏发表《锡金王妃的通讯姻缘》。

五月二日，在《明报》"明窗小札"专栏发表《十大政治家的年龄》。

五月三日，在《明报》"明窗小札"专栏发表《印尼是第二个古巴》。

五月四日，在《明报》"明窗小札"专栏发表《美国为什么援助印尼？》。

　　《金陵散记》系周榆瑞署名"宋乔"的作品，此本扉页上有亲笔所写的"良镛兄指正，作者签而不送，一九五二、五、廿三"。

好友周榆瑞所著《彷徨与抉择》，深深影响了金庸。（宋希於提供）

五月五日，在《明报》"明窗小札"专栏发表《"野兽被吃光了！"》。

五月十一日，在《明报》"明窗小札"专栏发表《日本为世运所作的准备》。

五月十二日，在《明报》"明窗小札"专栏发表《坚尼迪最接近的人物》。

五月十三日，在《明报》"明窗小札"专栏发表《卡斯特罗在苏联》。

五月十六日，在《明报》"明窗小札"专栏发表《美太空人的降落地点》。

五月十七日，在《明报》"明窗小札"专栏发表《哈里曼老当益壮》。

五月十八日，在《明报》"明窗小札"专栏发表《中共对印俘洗脑？》。

五月十九日，在《明报》"明窗小札"专栏发表《麦米伦的继任人》。

五月二十日，在《明报》"明窗小札"专栏发表《全世界都闹水荒》。

五月二十三日，在《明报》"明窗小札"专栏发表《莫斯科电台的中国语》。

五月二十六日，在《明报》"明窗小札"专栏发表《盟国的核子部队》。

五月二十七日，在《明报》"明窗小札"专栏发表《南越的自卫性村庄》。

五月二十八日，在《明报》"明窗小札"专栏发表《赫鲁晓夫的烦恼》。

七月二日，在《明报》"明窗小札"专栏发表《罗马尼亚背叛苏联？》。

七月三日，在《明报》"明窗小札"专栏发表《十五国的军事同盟》。

七月四日，在《明报》"明窗小札"专栏发表《北约拥有的军队实力》。

七月五日，在《明报》"明窗小札"专栏发表《华沙公约国的兵力》。

七月六日，在《明报》"明窗小札"专栏发表《联合国的应召女郎》。

七月七日，在《明报》"明窗小札"专栏发表《捷克对人民的让步》。

七月十日，在《明报》"明窗小札"专栏发表《捷克作家的"挑战"》。

七月十一日，在《明报》"明窗小札"专栏发表《中国人感到忧虑》。

七月十三日，在《明报》"明窗小札"专栏发表《桃色事件的心理分析》。

七月十四日，在《明报》"明窗小札"专栏发表《罗马尼亚的经济情况》。

同日，《谈〈彷徨与抉择〉》连载完毕。

七月十五日，在《明报》"明窗小札"专栏发表《人类未来的朋友》。

七月十七日，在《明报》"明窗小札"专栏发表《保加利亚人害怕失业》。

七月十八日，在《明报》"明窗小札"专栏发表《金门已成游览"胜地"》。

七月十九日，在《明报》"明窗小札"专栏发表《欧洲的新变化》。

七月二十日，在《明报》"明窗小札"专栏发表《美苏核武器的比较》。

七月二十一日，在《明报》"明窗小札"专栏发表《莫斯科记者捉迷藏》。

七月二十三日，在《明报》"明窗小札"专栏发表《东南亚国家文化节》。

七月二十四日，在《明报》"明窗小札"专栏发表《波兰电影模仿新潮派》。

七月二十五日，在《明报》"明窗小札"专栏发表《南韩读书人误国》。

七月二十六日，在《明报》"明窗小札"专栏发表《英首相的三位继任人》。

七月二十七日，在《明报》"明窗小札"专栏发表《史东希尔为何许人？》。

七月二十八日，在《明报》"明窗小札"专栏发表《印共分裂成二派》。

七月三十日，在《明报》"明窗小札"专栏发表《意共的拥毛泽东派》。

七月三十一日，在《明报》"明窗小札"专栏发表《比利时与巴西共党》。

八月二日，在《明报》"明窗小札"专栏发表《奶罩与苏联人的经济》。

八月三日，在《明报》"明窗小札"专栏发表《美共澳共态度如何？》。

八月四日，在《明报》"明窗小札"专栏发表《一个美国人在外蒙古》。

八月六日，在《明报》"明窗小札"专栏发表《一个名报人的死》。

八月七日，在《明报》"明窗小札"专栏发表《连贯欧亚二洲的公路》。

八月八日，在《明报》"明窗小札"专栏发表《哈里曼与赫鲁晓夫》。

八月九日，在《明报》"明窗小札"专栏发表《为赫鲁晓夫而艺术》。

八月十二日，在《明报》"明窗小札"专栏发表《坚尼迪被戴红帽子》。

八月十五日，在《明报》"明窗小札"专栏发表

《下一步是高峰会议？》。

八月十六日，在《明报》"明窗小札"专栏发表《疯狂变态的日本影迷》。

八月十七日，在《明报》"明窗小札"专栏发表《邮政列车劫案始末》。

八月十九日，在《明报》"明窗小札"专栏发表《南越第一夫人》。

八月二十日，在《明报》"明窗小札"专栏发表《中共与西方距离缩短》。

八月二十一日，在《明报》"明窗小札"专栏发表《美国的武侠小说迷》。

八月二十三日，在《明报》"明窗小札"专栏发表《尼克逊竞选美总统？》。

八月二十四日，在《明报》"明窗小札"专栏发表《南越局势如何演变？》。

八月二十五日，在《明报》"明窗小札"专栏发表《中共在欧洲的"分站"》。

八月二十七日，在《明报》"明窗小札"专栏发表《吴廷儒和勤劳人位党》。

八月二十八日，在《明报》"明窗小札"专栏发表《南韩的"制米运动"》。

八月二十九日，在《明报》"明窗小札"专栏发表《女人安全，光头危险》。

八月三十一日，在《明报》"明窗小札"专栏发表《赫鲁晓夫打羽毛球》。

九月二日，《倚天屠龙记》连载结束。

同日，在《明报》"明窗小札"专栏发表《热线能不能防止核战》。

九月三日，长篇小说《天龙八部》开始在《明报》连载。

同日，《明报》开始连载查良镛翻译的罗素著作《人类的前途》。

同日，在《明报》"明窗小札"专栏发表《"第一夫人"的女儿》。

九月六日，在《明报》"明窗小札"专栏发表《一千猎犬为人牺牲》。

九月十日，在《明报》"明窗小札"专栏发表《海上大学到香港来》。

九月十四日，长女查传诗生。

九月十五日，在《明报》"明窗小札"专栏发表《不可思议的事情》。

九月十八日，在《明报》"明窗小札"专栏发表《马来西亚与拉曼》。

九月二十日，在《明报》"明窗小札"专栏发表《鲁斯克与詹森》。

九月二十三日，在《明报》"明窗小札"专栏发

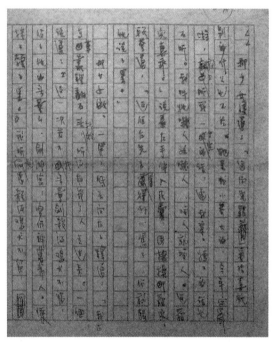

　　《天龙八部》第一回部分手稿，内容为钟灵向段誉介绍闪电貂，向左子穆转述遇到神农帮来人的对话。（友人收藏）

表《日本何以忽亲中共？》。

九月二十五日，在《明报》"明窗小札"专栏发表《截然不同的遭遇》。

九月二十七日，在《明报》"明窗小札"专栏发表《美商人垂涎中共市场》。

九月二十九日，在《明报》"明窗小札"专栏发表《最伟大漫画家大卫罗》。

九月三十日，在《明报》"明窗小札"专栏发表《亚洲人改变历史？》。

十月二日，在《明报》"明窗小札"专栏发表《缅甸会成为共产国家吗？》。

十月九日，在《明报》"明窗小札"专栏发表《最畅销的间谍小说》。

十月十一日，在《明报》"明窗小札"专栏发表《日本发起减少礼节运动》。

十月十二日，在《明报》"明窗小札"专栏发表《西德未来领袖艾哈德》。

十月十三日，在《明报》"明窗小札"专栏发表《西德将向苏联靠近》。

十月十四日，在《明报》"明窗小札"专栏发表《小麦事小 影响甚大》。

十月十五日，在《明报》"明窗小札"专栏发表《攻击坚尼迪的书》。

十月十六日，《明报》发表社评《自由乃民主之母》。

十月十八日，在《明报》"明窗小札"专栏发表《第六位和尚的自焚》。

十月二十日，在《明报》"明窗小札"专栏发表《英国新首相许谟》。

十月二十二日，在《明报》"明窗小札"专栏发表《香港是中共的大客仔》。

十月二十三日，在《明报》"明窗小札"专栏发表《美总统最难过的一关》。

十月二十五日，在《明报》"明窗小札"专栏发表《日本人研究中药热》。

十月二十八日，在《明报》"明窗小札"专栏发表《最有权力的女人》。

十月二十九日，在《明报》"明窗小札"专栏发表《女人身上的新发现》。

十一月一日，在《明报》"明窗小札"专栏发表《美苏同意启用新历法》。

十一月二日，在《明报》"明窗小札"专栏发表《美国的第一夫人》。

十一月三日，在《明报》"明窗小札"专栏发表《承继父亲之妻的国王》。

十一月四日，在《明报》"明窗小札"专栏发表

《陈丽春的自恋狂》。

十一月七日，在《明报》"明窗小札"专栏发表
《南越危机未消除》。

十一月八日，在《明报》"明窗小札"专栏发表
《戴高乐有了对手？》。

十一月十日，在《明报》"明窗小札"专栏发表
《英相下放工厂农村》。

十一月十三日，在《明报》"明窗小札"专栏发
表《许谟并不过分亲美》。

十一月十五日，在《明报》"明窗小札"专栏发
表《世界最大胆的影片》。

十一月十六日，在《明报》"明窗小札"专栏发
表《最大胆影片的争论》。

十一月十七日，在《明报》"明窗小札"专栏发
表《在"过渡"气氛下的西贡》。

十一月十八日，在《明报》"明窗小札"专栏发
表《匈牙利作家谈赫鲁晓夫》。

十一月二十日，在《明报》"明窗小札"专栏发
表《中印冲突事件一周年》。

十一月二十九日，在《明报》"明窗小札"专栏
发表《新任的美国第一夫人》。

十二月二日，在《明报》"明窗小札"专栏发表
《狄托有三个太太》。

十二月五日，在《明报》"明窗小札"专栏发表《受中共批评的苏片》。

十二月七日，在《明报》"明窗小札"专栏发表《痛悼最优秀的敌人》。

十二月八日，在《明报》"明窗小札"专栏发表《西德人比他国幸福》。

十二月九日，在《明报》"明窗小札"专栏发表《乃沙立逝世是泰国损失》。

十二月十日，在《明报》"明窗小札"专栏发表《高棉拒受美援之后》。

十二月十四日，在《明报》"明窗小札"专栏发表《仍然是手枪杀人的世界》。

十二月十七日，在《明报》"明窗小札"专栏发表《自称新潮不免可惜》。

十二月十八日，在《明报》"明窗小札"专栏发表《"第四十一个"及其他》。

十二月十九日，在《明报》"明窗小札"专栏发表《东欧女人学摩登》。

十二月二十日，在《明报》"明窗小札"专栏发表《詹赫之间如何相处？》。

十二月二十一日，在《明报》"明窗小札"专栏发表《南越办报纸者特多》。

十二月二十四日，在《明报》"明窗小札"专栏发表《一个女间谍的事迹》。

十二月二十六日，在《明报》"明窗小札"专栏发表《詹森的胜利是什么？》。

十二月二十七日，在《明报》"明窗小札"专栏发表《詹森与国会之间》。

十二月二十八日，在《明报》"明窗小札"专栏发表《苏联人民的新课题》。

一九六四年　四十岁

一月二日，在《明报》"明窗小札"专栏发表《一月是南越的难关》。

一月三日，在《明报》"明窗小札"专栏发表《工作六年休息一年》。

一月六日，在《明报》"明窗小札"专栏发表《有十多个情妇的间谍》。

一月八日，在《明报》"明窗小札"专栏发表《一九六三年的东南亚》。

一月十一日，在《明报》"明窗小札"专栏发表《卡斯特罗谈"大跃进"》。

一月十二日，《明报》与新加坡《南洋商报》合办一本随报附送的《东南亚周刊》。所写长篇小说《素心剑》同日于此刊开始连载。

同日，在《明报》"明窗小札"专栏发表《一个最新成立的国家》。

一月十四日，在《明报》"明窗小札"专栏发表《争取多一点悠闲》。

一月十五日，《明报》发表社评《等待着的棺材》。

一月十五日，在《明报》"明窗小札"专栏发表《锡兰人不用英语》。

一月十六日，在《明报》"明窗小札"专栏发表

《穿避弹衣的总统》。

一月十九日，在《明报》"明窗小札"专栏发表《奇异的国家利比利亚》。

一月二十日，在《明报》"明窗小札"专栏发表《不许说政治性的笑话》。

一月二十一日，在《明报》"明窗小札"专栏发表《世界粮食分配不均》。

一月二十二日，在《明报》"明窗小札"专栏发表《阿尔及利亚的困难》。

一月二十三日，在《明报》"明窗小札"专栏发表《卡斯特罗访苏干什么？》。

一月二十五日，在《明报》"明窗小札"专栏发表《白种人的冒险乐园》。

一月二十七日，在《明报》"明窗小札"专栏发表《在桑给巴尔的遭遇》。

一月二十八日，在《明报》"明窗小札"专栏发表《高空侦察苏联经济》。

一月二十九日，在《明报》"明窗小札"专栏发表《十三巨头磨拳擦掌》。

一月三十日，《明报》发表社评《法国阴谋，天下共见》。

一月三十日，在《明报》"明窗小札"专栏发表《苏联不愿见法国承认中共》。

一月，赴东京参加日本《世界周刊》举办的报人座谈会，就中国的政治、经济和社会形势发表演讲。

二月一日，在《明报》"明窗小札"专栏发表《东西德人的旅行会面》。

二月二日，在《明报》"明窗小札"专栏发表《苏联间谍工作采取守势》。

二月三日，在《明报》"明窗小札"专栏发表《南越的秘密共党组织》。

二月四日，在《明报》"明窗小札"专栏发表《只买不卖的国际贸易》。

二月五日，在《明报》"明窗小札"专栏发表《人为的"石油自给"？》。

二月六日，在《明报》"明窗小札"专栏发表《美国女将竞选总统》。

二月七日，在《明报》"明窗小札"专栏发表《瑞士发生经济危机》。

二月八日，在《明报》"明窗小札"专栏发表《东欧对美门户开放》。

二月九日，在《明报》"明窗小札"专栏发表《非洲学生谈在苏生活》。

二月十一日，在《明报》"明窗小札"专栏发表《拉丁美洲 惊人贫困》。

二月十四日，在《明报》"明窗小札"专栏发表

《非洲八国的事件》。

二月十六日，在《明报》"明窗小札"专栏发表《大财主控制巴拿马》。

二月十八日，在《明报》"明窗小札"专栏发表《詹森激怒了记者》。

二月十九日，在《明报》"明窗小札"专栏发表《南越战略村的失败》。

二月二十一日，在《明报》"明窗小札"专栏发表《大道直达尼泊尔》。

二月二十二日，在《明报》"明窗小札"专栏发表《非洲的反美国家》。

二月二十三日，在《明报》"明窗小札"专栏发表《间谍投奔滋味不佳》。

二月二十四日，在《明报》"明窗小札"专栏发表《印尼共党与马来西亚》。

二月二十六日，在《明报》"明窗小札"专栏发表《老粗元帅谈文艺》。

三月一日，在《明报》"明窗小札"专栏发表《周恩来在巴基斯坦》。

三月五日，在《明报》"明窗小札"专栏发表《美国记者与卡斯特罗》。

三月六日，在《明报》"明窗小札"专栏发表《中共代办故示阔绰》。

三月九日,在《明报》"明窗小札"专栏发表《周恩来与锡兰女总理》。

三月十日,在《明报》"明窗小札"专栏发表《苏联枪毙"经济犯"》。

三月十一日,在《明报》"明窗小札"专栏发表《戴高乐与加拿大暴动》。

三月十三日,在《明报》"明窗小札"专栏发表《圭亚那的反政府活动》。

三月十四日,在《明报》"明窗小札"专栏发表《欧洲第一号危险人物》。

三月十五日,在《明报》"明窗小札"专栏发表《麦纳玛拉访问南越之行》。

三月十六日,在《明报》"明窗小札"专栏发表《中立化越南的计划》。

三月十七日,在《明报》"明窗小札"专栏发表《詹森与"白宫女性化"》。

三月二十日,在《明报》"明窗小札"专栏发表《美舆论攻击戴高乐》。

三月二十一日,在《明报》"明窗小札"专栏发表《巴西面临内战之险》。

三月二十二日,在《明报》"明窗小札"专栏发表《印尼从苏联所得的援助》。

三月二十三日,在《明报》"明窗小札"专栏发表《高棉与美越的冲突》。

三月二十四日，在《明报》"明窗小札"专栏发表《洗一套西装八美元》。

三月二十六日，在《明报》"明窗小札"专栏发表《意大利共党的改革派》。

三月二十七日，在《明报》"明窗小札"专栏发表《戴高乐与法墨关系》。

三月二十八日，在《明报》"明窗小札"专栏发表《东德学者对共党的指摘》。

三月二十九日，在《明报》"明窗小札"专栏发表《尼赫鲁的继承人》。

四月二日，在《明报》"明窗小札"专栏发表《世界共党的赫毛二派》。

四月四日，在《明报》"明窗小札"专栏发表《日本当铺的变迁》。

四月五日，在《明报》"明窗小札"专栏发表《比利时全国医生罢工》。

四月七日，在《明报》"明窗小札"专栏发表《匈牙利出现了香蕉！》。

四月八日，在《明报》"明窗小札"专栏发表《新方法学习英语》。

四月九日，在《明报》"明窗小札"专栏发表《神秘的"矮子先生"》。

四月十日，在《明报》"明窗小札"专栏发表《印尼向荷兰请求援助》。

四月十一日，在《明报》"明窗小札"专栏发表《私有化与国有化》。

四月十二日，在《明报》"明窗小札"专栏发表《外交使节滥用特权》。

四月十四日，在《明报》"明窗小札"专栏发表《古巴政权 三派斗争》。

四月十五日，在《明报》"明窗小札"专栏发表《迷信与恐惧统治的国家》。

四月十六日，在《明报》"明窗小札"专栏发表《沙特阿拉伯的变化》。

四月十七日，在《明报》"明窗小札"专栏发表《南越战争与新政变》。

四月十八日，在《明报》"明窗小札"专栏发表《施汉诺延期访中共》。

四月十九日，在《明报》"明窗小札"专栏发表《巴西的新任总统》。

四月二十一日，在《明报》"明窗小札"专栏发表《法国言论不自由》。

四月二十二日，在《明报》"明窗小札"专栏发表《智利可能成为新的古巴》。

四月二十五日，在《明报》"明窗小札"专栏发表《法国最佳的保密工作》。

四月二十六日，在《明报》"明窗小札"专栏发表《南北越休战有利北越》。

四月二十七日，在《明报》"明窗小札"专栏发表《中苏共在新疆势成水火》。

四月二十九日，在《明报》"明窗小札"专栏发表《卡斯特罗写自传》。

四月，再赴东京，参加国际新闻协会（IPI）举办的亚洲报人座谈会。其间，与日本外相大平正芳会见，参观朝日新闻社。

五月一日，在《明报》"明窗小札"专栏发表《英苏二国"阵前易俘"》。

五月二日，在《明报》"明窗小札"专栏发表《令英国人头痛的亚丁》。

五月三日，在《明报》"明窗小札"专栏发表《新政权下的叙利亚》。

五月五日，在《明报》"明窗小札"专栏发表《苏加诺不坐汽车》。

五月八日，在《明报》"明窗小札"专栏发表《苏联记者在加拿大》。

五月十日，在《明报》"明窗小札"专栏发表《波兰知识分子的示威》。

五月十一日，在《明报》"明窗小札"专栏发表

《盗匪多如牛毛的国家》。

五月十二日，在《明报》"明窗小札"专栏发表《瑞典人替苏当间谍》。

五月十三日，在《明报》"明窗小札"专栏发表《埃及的阿斯旺水坝》。

五月十五日，在《明报》"明窗小札"专栏发表《老的和小的赫鲁晓夫》。

五月十六日，在《明报》"明窗小札"专栏发表《尼泊尔左右逢源》。

五月十七日，在《明报》"明窗小札"专栏发表《捷克经济日走下坡》。

五月十八日，在《明报》"明窗小札"专栏发表《日本人在新侨饭店》。

五月十九日，在《明报》"明窗小札"专栏发表《组织特务杀人的国家》。

五月二十日，在《明报》"明窗小札"专栏发表《巴拉圭的奇迹》。

五月二十一日，在《明报》"明窗小札"专栏发表《美国大学生不足》。

五月二十二日，在《明报》"明窗小札"专栏发表《西方盟国不支持越战》。

五月二十八日，在《明报》"明窗小札"专栏发表《赫鲁晓夫在阿联说话直率》。

五月二十九日，在《明报》"明窗小札"专栏发表《罗马的惊人车祸》。

五月，赴土耳其伊斯坦布尔，参加国际新闻协会第十三届年会。

六月二日，在《明报》"明窗小札"专栏发表《不注重国防的国家》。

六月三日，在《明报》"明窗小札"专栏发表《阿根廷工人占领全国工厂》。

六月四日，在《明报》"明窗小札"专栏发表《中苏斗法 也门得利》。

同日，"《天龙八部》续稿因邮寄需时，暂停数天"，《明报》中断《天龙八部》连载，重新开始连载《鸳鸯刀》。

六月六日，在《明报》"明窗小札"专栏发表《最简陋的首都波恩》。

六月七日，在《明报》"明窗小札"专栏发表《越南的牌桌上玩什么把戏？》。

六月八日，在《明报》"明窗小札"专栏发表《马来西亚的各民族》。

六月九日，在《明报》"明窗小札"专栏发表《危地马拉的新变化》。

六月十日，在《明报》"明窗小札"专栏发表《远东的"间谍之都"》。

六月十三日，在《明报》"明窗小札"专栏发表《菲律宾的共党武装》。

六月十五日，在《明报》"明窗小札"专栏发表《缅甸宣布大额钞票无效》。

六月二十日，在《明报》"明窗小札"专栏发表《戴高乐老当益壮》。

六月二十一日，在《明报》"明窗小札"专栏发表《澳洲的"事求人"广告》。

六月二十四日，在《明报》"明窗小札"专栏发表《瑞士也充实国防》。

六月，回港。

七月二日，在《明报》"明窗小札"专栏发表《美陆军三巨头》。

七月四日，在《明报》"明窗小札"专栏发表《中共宜打闪电战》。

七月五日，在《明报》"明窗小札"专栏发表《"巴黎的中国风"》。

七月六日，在《明报》"明窗小札"专栏发表《欧洲为何不属欧洲人？》。

七月七日，在《明报》"明窗小札"专栏发表《谁也不肯减少军事力量》。

七月八日，在《明报》"明窗小札"专栏发表《赫鲁晓夫自北欧归》。

七月九日，在《明报》"明窗小札"专栏发表《打者自打，飞者自飞》。

七月十日，在《明报》"明窗小札"专栏发表《开中国人的玩笑》。

七月十一日，在《明报》"明窗小札"专栏发表《二位好友成政敌》。

七月十二日，在《明报》"明窗小札"专栏发表《美军欲轰炸北越》。

七月十三日，在《明报》"明窗小札"专栏发表《日本以中共为大敌》。

七月十四日，在《明报》"明窗小札"专栏发表《高华德外表胜詹森》。

七月十五日，在《明报》"明窗小札"专栏发表《尼克艾克均无表情》。

七月十七日，在《明报》"明窗小札"专栏发表《西方人读毛泽东诗词》。

七月二十三日，在《明报》"明窗小札"专栏发表《刚果有什么新变化？》。

七月二十四日，在《明报》"明窗小札"专栏发表《美军杀日妇引起风波》。

七月二十五日，在《明报》"明窗小札"专栏发表《日本新内阁的特点》。

七月二十七日，在《明报》"明窗小札"专栏发表《关于刘承司及其他》（上）。

七月二十八日，在《明报》"明窗小札"专栏发表《关于刘承司及其他》（下）。

七月二十九日，在《明报》"明窗小札"专栏发表《蒋先生只有五年寿命？》。

七月三十日，在《明报》"明窗小札"专栏发表《陈诚辞职与蒋经国》。

八月一日，在《明报》"明窗小札"专栏发表《叶公超有冤无路诉》。

八月二日，在《明报》"明窗小札"专栏发表《世界共党生死决于老赫》。

八月三日，在《明报》"明窗小札"专栏发表《女人组成的政党》。

八月四日，在《明报》"明窗小札"专栏发表《香港的女作家》。

八月五日，在《明报》"明窗小札"专栏发表《香港文坛的围棋迷》。

八月六日，在《明报》"明窗小札"专栏发表《北越与美国的海战》。

八月七日，在《明报》"明窗小札"专栏发表《早有计划的轰炸》。

八月八日，在《明报》"明窗小札"专栏发表《美国军人多数主战》。

八月九日，在《明报》"明窗小札"专栏发表《中共军不致鲁莽入越》。

八月十日，在《明报》"明窗小札"专栏发表《阮庆欲借国军二师》。

八月十四日，在《明报》"明窗小札"专栏发表《香港的"新的一代"》。

八月十五日，在《明报》"明窗小札"专栏发表《柏林和它的围墙》。

八月十六日，在《明报》"明窗小札"专栏发表《苏联最惧怕的是什么？》。

八月十七日，在《明报》"明窗小札"专栏发表《赫氏主张经济竞赛》。

八月十八日，在《明报》"明窗小札"专栏发表《种族歧视之风吹到西德》。

八月二十一日，在《明报》"明窗小札"专栏发表《武元甲的双重打击》。

八月二十二日，在《明报》"明窗小札"专栏发表《各国人民患癌的比例》。

八月二十三日，在《明报》"明窗小札"专栏发表《阮庆的三大隐忧》。

八月二十四日，在《明报》"明窗小札"专栏发表《"该转处硬转！"》。

八月二十五日，在《明报》"明窗小札"专栏发表《尼赫鲁还没有死？》。

八月二十六日，在《明报》"明窗小札"专栏发表《意大利共党的特色》。

八月二十七日，在《明报》"明窗小札"专栏发表《意大利共党生财有道》。

八月二十八日，在《明报》"明窗小札"专栏发表《一本成功的杂志》。

八月三十日，在《明报》"明窗小札"专栏发表《两件亚洲小事》。

九月一日,在《明报》"明窗小札"专栏发表《中立国家的变质》。

九月二日，在《明报》"明窗小札"专栏发表《高华德谈美国国防》。

九月三日，在《明报》"明窗小札"专栏发表《徐蚌战役两种记载》。

九月四日，在《明报》"明窗小札"专栏发表《胡志明在做着什么？》。

九月六日，在《明报》"明窗小札"专栏发表《中共在非训练军队》。

九月七日，在《明报》"明窗小札"专栏发表《苏联专家大陆见闻》。

九月八日，在《明报》"明窗小札"专栏发表《西德的"中共观光团"》。

九月九日，在《明报》"明窗小札"专栏发表《美国人看大选》。

九月十二日，在《明报》"明窗小札"专栏发表《印共不采取行动》。

九月十四日，在《明报》"明窗小札"专栏发表《香港报纸的世界第一》。

九月十五日，在《明报》"明窗小札"专栏发表《"迫着你去读它！"》。

九月十六日，在《明报》"明窗小札"专栏发表《英国的第三个政党》。

九月十七日，在《明报》"明窗小札"专栏发表《上海出口服装展览会》。

九月十九日，在《明报》"明窗小札"专栏发表《报馆工作的苦乐》。

九月二十日，在《明报》"明窗小札"专栏发表《入狱十余次的女人》。

九月二十一日，在《明报》"明窗小札"专栏发表《爱情眼泪与鲜花》。

九月二十二日，在《明报》"明窗小札"专栏发表《南越最终的解决办法》。

九月二十四日，在《明报》"明窗小札"专栏发表《马尔萨斯未考虑避孕》。

九月二十六日，在《明报》"明窗小札"专栏发表《戴高乐愿死在南美》。

九月二十七日，在《明报》"明窗小札"专栏发表《印度困难比中共为多》。

九月二十八日，在《明报》"明窗小札"专栏发表《报纸与政府大斗法》。

九月二十九日，在《明报》"明窗小札"专栏发表《工党"十大将"》。

十月一日，《明报》发表社评《中共核爆应在下午举行》，推测核爆会选择在某日下午三四点钟。

十月一日，在《明报》"明窗小札"专栏发表《编者与作者的误会》。

十月三日，在《明报》"明窗小札"专栏发表《缅甸人民的良好品质》。

十月四日，在《明报》"明窗小札"专栏发表《西方人看中共原子弹》

十月五日，在《明报》"明窗小札"专栏发表《瑞士禁中共一杂志》。

十月六日，在《明报》"明窗小札"专栏发表《南韩的重重困难》。

十月七日，在《明报》"明窗小札"专栏发表《英女皇时装的秘密》。

十月八日，在《明报》"明窗小札"专栏发表《世界各地生活水准》。

十月十一日，在《明报》"明窗小札"专栏发表《叶曼女士的随笔》。

十月十二日，在《明报》"明窗小札"专栏发表《西德一编辑获哥德奖》。

十月十三日，《明报》发表社评《不党不盲，难能可贵》。

十月十三日，在《明报》"明窗小札"专栏发表《芬兰的微妙中立性》。

十月十四日，在《明报》"明窗小札"专栏发表《儿童日报的腹稿》。

十月十五日，在《明报》"明窗小札"专栏发表《苏加诺爱看欧美电影》。

十月十六日，在《明报》"明窗小札"专栏发表《U2机与中共原子弹》。

十月十八日，在《明报》"明窗小札"专栏发表《三大新闻高潮迭起》。

十月十九日，在《明报》"明窗小札"专栏发表《东德出售犯人记》。

十月二十日，《明报》发表社评《中共爆炸原子弹的评价》。

十月二十日，在《明报》"明窗小札"专栏发表《南韩女性的悲剧》。

十月二十一日，在《明报》"明窗小札"专栏发表《印度的最后一杯咖啡》。

十月二十四日，《明报》发表社评《赞成全面毁灭核弹》。

十月二十四日，在《明报》"明窗小札"专栏发表《戴高乐胜利回国》。

十月二十五日，在《明报》"明窗小札"专栏发表《日本是小西方》。

十月二十六日，在《明报》"明窗小札"专栏发表《中国人在巴西》。

十月二十七日，在《明报》"明窗小札"专栏发表《新独立国赞比亚》。

十月二十八日，在《明报》"明窗小札"专栏发表《关于原子弹问题》。

十月二十九日，在《明报》"明窗小札"专栏发表《亚洲人的姓名》。

十月三十日，在《明报》"明窗小札"专栏发表《池田以豪饮著称》。

十月三十一日，在《明报》"明窗小札"专栏发表《池田的三位后继人》。

十一月二日，在《明报》"明窗小札"专栏发表《芬兰人看赫氏下台》。

十一月三日，在《明报》"明窗小札"专栏发表《男人多还是女人多？》。

十一月四日，在《明报》"明窗小札"专栏发表《锡兰报纸作最后挣扎》。

十一月五日，在《明报》"明窗小札"专栏发表《东京世运 一场绮梦》。

十一月六日，在《明报》"明窗小札"专栏发表《苏联女影星在英国》。

十一月七日，在《明报》"明窗小札"专栏发表《美新总统的三大问题》。

十一月八日，在《明报》"明窗小札"专栏发表《英国议员的日常工作》。

十一月九日，在《明报》"明窗小札"专栏发表《原子弹与间谍问题》。

十一月十日，在《明报》"明窗小札"专栏发表《内阁的责任是什么？》。

十一月十二日，在《明报》"明窗小札"专栏发表《外蒙首都景色》。

十一月十三日，在《明报》"明窗小札"专栏发表《〈消息报〉的新任总编辑》。

十一月十四日，在《明报》"明窗小札"专栏发表《苏京充满了谜团》。

十一月十六日，在《明报》"明窗小札"专栏发表《一小时内的政变》。

十一月十七日，在《明报》"明窗小札"专栏发表《共和党要踢走高华德》。

十一月十八日，在《明报》"明窗小札"专栏发表《英国两党的斗智》。

十一月十九日，在《明报》"明窗小札"专栏发表《不亲西方的高棉》。

十一月二十日，在《明报》"明窗小札"专栏发表《箱运活人案始末》。

十一月二十一日，在《明报》"明窗小札"专栏发表《莫斯科——谣言之都》。

十一月二十三日，在《明报》"明窗小札"专栏发表《"两个中国"入联合国？》。

十一月二十四日，在《明报》"明窗小札"专栏发表《澳洲商人看上海》。

十一月二十六日，在《明报》"明窗小札"专栏发表《印尼电影风波》。

十一月二十六日—十二月二十二日，《明报》连续发表总题为《敬请〈大公报〉指教和答覆》的二十六篇文章。

十一月二十七日，在《明报》"明窗小札"专栏发表《尼泊尔与中印矛盾》。

十一月二十八日，在《明报》"明窗小札"专栏发表《国家的经济危机》。

十一月二十九日，在《明报》"明窗小札"专栏发表《南越需要安静》。

十一月，《明报》发表社评《宁要裤子 不要核子》。查良镛对中共试制原子弹所持的强烈反对态度，遭到了《大公报》《文汇报》《新晚报》的猛烈抨击，遂开始了一系列笔战。

十一月底，国务院副总理陈毅在北京对香港左派新闻战线负责人表示："请香港新华社对《明报》的那个查良镛先生高抬贵手。""《明报》那个社论，要中国人有裤子穿，那还是爱中国人嘛！"

十二月一日，在《明报》"明窗小札"专栏发表《秩序荡然的刚果》。

十二月二日，在《明报》"明窗小札"专栏发表《中共上空的卫星》。

十二月三日，在《明报》"明窗小札"专栏发表《西德的两个老头子》。

十二月四日，在《明报》"明窗小札"专栏发表《李普曼的意见》。

十二月五日，在《明报》"明窗小札"专栏发表《联合国要解散了？》。

十二月六日，在《明报》"明窗小札"专栏发表《共党捷克的巨变》。

十二月九日，在《明报》"明窗小札"专栏发表《英美会谈讨价还价》。

十二月十日，在《明报》"明窗小札"专栏发表《法国的核子计划》。

十二月十一日，在《明报》"明窗小札"专栏发表《南韩的怪现象》。

十二月十二日，在《明报》"明窗小札"专栏发表《刚果的成王败寇》。

十二月十三日，在《明报》"明窗小札"专栏发表《联合国上演闹剧》。

十二月十五日，在《明报》"明窗小札"专栏发表《泰国的政治风浪》。

十二月十六日，在《明报》"明窗小札"专栏发表《锡兰报纸斗争余闻》。

十二月十七日，在《明报》"明窗小札"专栏发表《东欧国家近状》。

十二月十八日，在《明报》"明窗小札"专栏发表《古巴的可口可乐》。

十二月十九日，在《明报》"明窗小札"专栏发表《南越学生流血写真》。

十二月二十一日，在《明报》"明窗小札"专栏发表《日本在经济上的野心》。

十二月二十三日，在《明报》"明窗小札"专栏发表《德法意英各有难题》。

十二月二十五日，在《明报》"明窗小札"专栏发表《意大利笑话成箩》。

十二月二十六日，在《明报》"明窗小札"专栏发表《南斯拉夫的经济情况》。

十二月二十八日，在《明报》"明窗小札"专栏发表《英国的实验监狱》。

十二月二十九日，在《明报》"明窗小札"专栏发表《中国席位投票预测》。

十二月三十日，在《明报》"明窗小札"专栏发表《神秘的威尔逊》。

经过"裤子""核子"这一论战事件之后，《明报》日销量由原先的六万余份增至七万余份。

一九六五年　四十一岁

一月一日，在《明报》"明窗小札"专栏发表《苏联海军必经的"关"》。

一月二日，在《明报》"明窗小札"专栏发表《埋葬尸体的游戏》。

一月三日，在《明报》"明窗小札"专栏发表《苏联的"占士邦"》。

一月四日，《明报》发表社评《杨振宁挥泪别父》。

一月四日，在《明报》"明窗小札"专栏发表《美国的特种部队》。

一月五日，在《明报》"明窗小札"专栏发表《阿联"三日食无肉"》。

一月六日，在《明报》"明窗小札"专栏发表《美国计划中的新运河》。

一月七日，在《明报》"明窗小札"专栏发表《苏联的政治新浪潮》。

一月八日，在《明报》"明窗小札"专栏发表《美国两面不讨好》。

一月九日，与迟宝伦等出席由维多利亚联青社与中青社合办的"文艺丛谈"第二阶段的"小说写作技巧座谈会"。

一月十日,在《明报》"明窗小札"专栏发表《日本热心援助南越》。

一月十二日,在《明报》"明窗小札"专栏发表《去年的中共外交》。

一月十三日,在《明报》"明窗小札"专栏发表《巴基斯坦的选举》。

一月十四日,在《明报》"明窗小札"专栏发表《印尼另组新联合国》。

一月十五日,在《明报》"明窗小札"专栏发表《赫鲁晓夫的生活费》。

一月十七日,在《明报》"明窗小札"专栏发表《古巴讲究节约》。

一月十八日,在《明报》"明窗小札"专栏发表《"有时坏,有时好"》。

一月二十日,在《明报》"明窗小札"专栏发表《泰国青年的"苦经"》。

一月二十一日,在《明报》"明窗小札"专栏发表《中共台湾欢迎游客》。

一月二十二日,在《明报》"明窗小札"专栏发表《日本的"佐藤时代"》。

一月二十三日,在《明报》"明窗小札"专栏发表《日本首相的鞋带》。

一月二十四日,在《明报》"明窗小札"专栏发表《轰炸寮国供应线》。

一月二十五日，在《明报》"明窗小札"专栏发表《被扣留卅一天的女记者》。

一月二十六日，在《明报》"明窗小札"专栏发表《邱吉尔说过的一些话》。

一月二十七日，在《明报》"明窗小札"专栏发表《从泰丝看泰国》。

一月三十日，在《明报》"明窗小札"专栏发表《宇丹有意辞职》。

二月一日，在《明报》"明窗小札"专栏发表《亚洲国家摄影难》。

二月三日，在《明报》"明窗小札"专栏发表《大国因何援助小国？》。

二月七日，在《明报》"明窗小札"专栏发表《"大陆印象"的公式》。

二月八日，在《明报》"明窗小札"专栏发表《美英苏法的巨头外交》。

二月九日，在《明报》"明窗小札"专栏发表《菲律宾报界主动反美》。

二月十一日，在《明报》"明窗小札"专栏发表《英国两党的斗争》。

二月十二日，在《明报》"明窗小札"专栏发表《苏加诺的谈话》。

二月十三日，在《明报》"明窗小札"专栏发表《日本与南韩的敌意》。

二月十四日，在《明报》"明窗小札"专栏发表《英国空军驾美国机》。

二月十五日，在《明报》"明窗小札"专栏发表《美国与刚果》。

二月十六日，在《明报》"明窗小札"专栏发表《苏联领袖作风改变》。

二月十七日，在《明报》"明窗小札"专栏发表《东欧共党自扫门前雪》。

二月十八日，在《明报》"明窗小札"专栏发表《南北苏丹 各有千秋》。

二月十九日，在《明报》"明窗小札"专栏发表《中共的文字谜团》。

二月二十日，在《明报》"明窗小札"专栏发表《威尔逊是条"硬汉"》。

二月二十二日，在《明报》"明窗小札"专栏发表《北约对付美机的武器》。

二月二十三日，在《明报》"明窗小札"专栏发表《匈牙利少女的罢工》。

二月二十六日，在《明报》"明窗小札"专栏发表《联合国一场外交战》。

二月二十七日，在《明报》"明窗小札"专栏发表《苏联重视商业广告》。

三月二日，在《明报》"明窗小札"专栏发表《一次访问的代价》。

三月三日，在《明报》"明窗小札"专栏发表《最可怕的开支》。

三月四日，在《明报》"明窗小札"专栏发表《绞刑架上的字条》。

三月五日，在《明报》"明窗小札"专栏发表《一个奇怪的国家》。

三月六日，在《明报》"明窗小札"专栏发表《沙特阿拉伯人的怪习》。

三月七日，在《明报》"明窗小札"专栏发表《中共的影响力》。

同日，《素心剑》连载完毕。

三月八日，在《明报》"明窗小札"专栏发表《东欧与西德的合作》。

三月九日，在《明报》"明窗小札"专栏发表《何时重返联合国》。

三月十日，在《明报》"明窗小札"专栏发表《苏加诺答记者问》。

三月十一日，在《明报》"明窗小札"专栏发表《问的厉害　答的技巧》。

三月十二日，在《明报》"明窗小札"专栏发表

《没有外交的国家》。

三月十三日，在《明报》"明窗小札"专栏发表
《锡金强调亲印》。

三月十四日，在《明报》"明窗小札"专栏发表
《融化铁幕的攻势》。

三月十五日，在《明报》"明窗小札"专栏发表
《泰国边境的烦恼》。

三月十六日，在《明报》"明窗小札"专栏发表
《希腊总理将访莫斯科》。

三月十七日，在《明报》"明窗小札"专栏发表
《中共与桑比亚铁路》。

三月十八日，在《明报》"明窗小札"专栏发表
《意大利与中共》。

三月十九日，在《明报》"明窗小札"专栏发表
《戴高乐令美国头疼》。

三月二十日，在《明报》"明窗小札"专栏发表
《北越事件与苏联》。

三月二十二日，在《明报》"明窗小札"专栏发
表《东德人民的生活》。

三月二十三日，在《明报》"明窗小札"专栏发
表《厕纸缺少 报纸畅销》。

三月二十四日，在《明报》"明窗小札"专栏发
表《印尼出军 进驻菲边》。

三月二十五日，在《明报》"明窗小札"专栏发表《苏联又传政变》。

三月二十六日，在《明报》"明窗小札"专栏发表《亚洲一位新尼赫鲁》。

三月二十七日，在《明报》"明窗小札"专栏发表《太空游泳的军事意义》。

三月二十八日，在《明报》"明窗小札"专栏发表《一位"识捞"的记者》。

三月二十九日，在《明报》"明窗小札"专栏发表《戴高乐健康如何？》。

三月三十日，在《明报》"明窗小札"专栏发表《默不作声的国家》。

约三月，至菲律宾参加国际新闻协会举行的"新闻自由与责任"研讨会。

四月一日，《明报》发表社评《亚洲各地的新闻自由》。

同日，在《明报》"明窗小札"专栏发表《中共在瑞金的会议》。

四月二日，在《明报》"明窗小札"专栏发表《问题国家以色列》。

四月三日，在《明报》"明窗小札"专栏发表《三块不同的非洲》。

四月四日，在《明报》"明窗小札"专栏发表《南越的新难民潮》。

四月五日，在《明报》"明窗小札"专栏发表《东欧国家经济第一》。

四月六日，在《明报》"明窗小札"专栏发表《毛泽东接见法国人》（上）。

四月七日，在《明报》"明窗小札"专栏发表《毛泽东接见法国人》（下）。

四月八日，在《明报》"明窗小札"栏发表《中共在欧洲的据点》。

四月九日，在《明报》"明窗小札"专栏发表《东南亚各国的心理》。

四月十日，在《明报》"明窗小札"专栏发表《葡萄牙的势力》。

四月十二日，在《明报》"明窗小札"专栏发表《中共军事的九强九弱》。

四月十三日，在《明报》"明窗小札"专栏发表《中共军力的分析》。

四月十四日，在《明报》"明窗小札"专栏发表《讽刺东欧的笑话》。

四月十五日，在《明报》"明窗小札"专栏发表《美机为什么被击下》。

四月十七日，在《明报》"明窗小札"专栏发表《法苏关系日益密切》。

四月十八日，在《明报》"明窗小札"专栏发表《瘦小的沙斯特里》。

四月二十一日，在《明报》"明窗小札"专栏发表《菲律宾向东转？》。

四月二十二日，在《明报》"明窗小札"专栏发表《中共牵牢巴基斯坦》。

四月二十三日，在《明报》"明窗小札"专栏发表《南越的另一种战事》。

四月二十四日，在《明报》"明窗小札"专栏发表《米与亚洲人》。

四月二十五日，在《明报》"明窗小札"专栏发表《尼泊尔接受美军援》。

四月二十六日，在《明报》"明窗小札"专栏发表《印尼的外国人》。

四月二十七日，在《明报》"明窗小札"专栏发表《享受新闻自由的国家》。

四月二十八日，在《明报》"明窗小札"专栏发表《"不结盟"的衰落》。

四月二十九日，在《明报》"明窗小札"专栏发表《胡志明如成为铁托》。

四月三十日，在《明报》"明窗小札"专栏发表《艾索普与李普曼》。

五月一日，在《明报》"明窗小札"专栏发表

《在越南坚持还是放弃？》。

五月二日，在《明报》"明窗小札"专栏发表《直布罗陀的烦恼》。

五月四日，在《明报》"明窗小札"专栏发表《美国尽量拉紧苏联》。

五月五日，在《明报》"明窗小札"专栏发表《越南的考验》。

五月六日，在《明报》"明窗小札"专栏发表《印巴之战》。

五月七日，在《明报》"明窗小札"专栏发表《对越战的激辩》。

五月八日，在《明报》"明窗小札"专栏发表《联合国中的天真想法》。

五月九日，在《明报》"明窗小札"专栏发表《德国战败二十年》。

五月十日，在《明报》"明窗小札"专栏发表《美计划中的第二战场》。

五月十一日，在《明报》"明窗小札"专栏发表《英女皇访问西德》。

五月十二日，在《明报》"明窗小札"专栏发表《拉丁美洲走私趣闻》。

五月十三日，在《明报》"明窗小札"专栏发表《白宫的"四巨头"》。

五月十四日，在《明报》"明窗小札"专栏发表《日本人高了四吋》。

五月十六日，在《明报》"明窗小札"专栏发表《苏加诺要改善经济》。

五月十七日，在《明报》"明窗小札"专栏发表《多米尼加的新闻人物》。

五月十八日，在《明报》"明窗小札"专栏发表《中共日本关系转劣》。

五月十九日，在《明报》"明窗小札"专栏发表《日本人看越战》（上）。

五月二十日，在《明报》"明窗小札"专栏发表《日本人看越战》（下）。

五月二十二日，在《明报》"明窗小札"专栏发表《鲁斯克舌战群儒》。

五月二十三日，在《明报》"明窗小札"专栏发表《南韩较南越幸运》。

五月二十五日，在《明报》"明窗小札"专栏发表《多事的美洲》。

五月二十六日，在《明报》"明窗小札"专栏发表《泰国人看亚洲局势》。

五月二十七日，在《明报》"明窗小札"专栏发表《法国经援力争上游》。

五月二十八日，在《明报》"明窗小札"专栏发表《南越这一局棋》。

五月二十九日，在《明报》"明窗小札"专栏发表《马来西亚的外交攻势》。

五月三十一日，次女查传讷生。

五月，赴英国伦敦参加国际新闻协会主办的会议，并在欧洲旅游。其间，以"旅游寄简"的方式写此行见闻，寄回《明报》刊登。

六月一日，在《明报》"明窗小札"专栏发表《南越之战为谁而战？》。

六月二日，在《明报》"明窗小札"专栏发表《南越共党的组织》。

六月三日，在《明报》"明窗小札"专栏发表《越战的新阶段》。

六月五日，在《明报》"明窗小札"专栏发表《日本的大学生》。

六月七日，在《明报》"明窗小札"专栏发表《印度政府的危机》。

六月八日，在《明报》"明窗小札"专栏发表《印度与苏联》。

六月九日，在《明报》"明窗小札"专栏发表《各国对南越的援助》。

六月十一日，在《明报》"明窗小札"专栏发表《阿联要原子弹》。

六月十三日，在《明报》"明窗小札"专栏发表《印度与日本的新联盟》。

六月十四日，在《明报》"明窗小札"专栏发表《越共与东德的关系》。

六月十六日，在《明报》"明窗小札"专栏发表《岘港是美国人的城市》。

六月十七日，在《明报》"明窗小札"专栏发表《保加利亚的政变事件》。

六月十八日，在《明报》"明窗小札"专栏发表《上海火车直达新疆》。

六月二十日，在《明报》"明窗小札"专栏发表《中共利用越局》。

六月二十一日，在《明报》"明窗小札"专栏发表《寮国渡过三次政变》。

六月二十二日，在《明报》"明窗小札"专栏发表《寮国的过期选举》。

六月二十三日，在《明报》"明窗小札"专栏发表《亚非会议与新联合国》。

六月二十四日，在《明报》"明窗小札"专栏发表《阿尔及利亚的新人》。

六月二十五日，在《明报》"明窗小札"专栏发表《联合国诞生二十年》。

六月二十六日，在《明报》"明窗小札"专栏发

约一九八〇年代后期，金庸与倪匡。

表《越洋轰炸得不偿失》。

六月二十七日，在《明报》"明窗小札"专栏发表《美苏关系转趋冷淡》。

六月二十八日，在《明报》"明窗小札"专栏发表《梵蒂冈的财富》。

六月二十九日，在《明报》"明窗小札"专栏发表《印尼赤化与未来形势》。

六月三十日，在《明报》"明窗小札"专栏发表《苏联的海军力量》。

六月，回港。出游期间，《天龙八部》连载由倪匡代笔。

七月一日，在《明报》"明窗小札"专栏发表《南越将官忙着什么？》。

七月二日，在《明报》"明窗小札"专栏发表《坚尼迪炮轰詹森》。

七月三日，在《明报》"明窗小札"专栏发表《南越之战前途如何》。

七月四日，在《明报》"明窗小札"专栏发表《联邦和平代表团》。

七月五日，在《明报》"明窗小札"专栏发表《越南的恐怖事件》。

七月六日，在《明报》"明窗小札"专栏发表《阿尔及利亚的谜》。

七月七日,在《明报》"明窗小札"专栏发表《共党与阿尔及利亚》。

七月八日,在《明报》"明窗小札"专栏发表《匈牙利总理换新人》。

七月九日,在《明报》"明窗小札"专栏发表《尼泊尔京城的间谍》。

七月十二日,在《明报》"明窗小札"专栏发表《卡斯特罗穿避弹背心》。

七月十三日,在《明报》"明窗小札"专栏发表《苏联的"轨道飞弹"》。

七月十四日,在《明报》"明窗小札"专栏发表《亚洲四国心事不同》。

七月十五日,在《明报》"明窗小札"专栏发表《战时西贡女多于男》。

七月十六日,在《明报》"明窗小札"专栏发表《胡志明的继承人选》。

七月十七日,在《明报》"明窗小札"专栏发表《洛奇使越的微妙作用》。

七月十八日,在《明报》"明窗小札"专栏发表《马达加斯加的老鼠》。

七月十九日,在《明报》"明窗小札"专栏发表《欧洲的八个国王》。

七月二十日,在《明报》"明窗小札"专栏发表

《八个火药地带》。

七月二十一日，在《明报》"明窗小札"专栏发表《和平会议勾心斗角》。

七月二十二日，在《明报》"明窗小札"专栏发表《哈里曼在莫斯科》。

七月二十三日，在《明报》"明窗小札"专栏发表《泰勒离越另一看法》。

七月二十五日，在《明报》"明窗小札"专栏发表《美国等待中共四十年》。

七月二十六日，在《明报》"明窗小札"专栏发表《越战军力的对比》。

七月二十七日，在《明报》"明窗小札"专栏发表《白宫想利用台湾军队》。

七月二十八日，在《明报》"明窗小札"专栏发表《加拿大不要原子武器》。

七月三十日，在《明报》"明窗小札"专栏发表《南方记者在河内》。

八月三日，在《明报》"明窗小札"专栏发表《世界上的两种国家》。

八月四日，在《明报》"明窗小札"专栏发表《二十年前的一天》。

八月五日，在《明报》"明窗小札"专栏发表《神秘万分的戴高乐》。

八月六日，在《明报》"明窗小札"专栏发表《美考虑宣布紧急状态》。

八月八日，在《明报》"明窗小札"专栏发表《苏联的阿飞运动》。

八月九日，在《明报》"明窗小札"专栏发表《匈牙利自由色彩浓》。

八月十日，在《明报》"明窗小札"专栏发表《苏联爵士转入地下》。

八月十二日，在《明报》"明窗小札"专栏发表《西方观察家看星马》。

八月十四日，在《明报》"明窗小札"专栏发表《越南之局是个僵局》。

八月十五日，在《明报》"明窗小札"专栏发表《克宫新领袖的苦衷》。

八月十六日，在《明报》"明窗小札"专栏发表《螺旋上升的阶梯战》。

八月十七日，在《明报》"明窗小札"专栏发表《巴黎与莫斯科之间》。

八月十八日，在《明报》"明窗小札"专栏发表《苏联派兵赴越的可能性》。

八月十九日，在《明报》"明窗小札"专栏发表《英国在东方的包袱》。

八月二十日，在《明报》"明窗小札"专栏发表

《苏联对印度的援助》。

八月二十一日，在《明报》"明窗小札"专栏发表《越南危机渐趋顶点》。

八月二十二日，在《明报》"明窗小札"专栏发表《罗马尼亚欣欣向荣》。

八月二十三日，在《明报》"明窗小札"专栏发表《苏联青年诗人活跃》。

八月二十四日，在《明报》"明窗小札"专栏发表《波兰的电子计算机》。

八月二十五日，在《明报》"明窗小札"专栏发表《苏联靠拢资本主义》。

八月二十六日，在《明报》"明窗小札"专栏发表《星马之间和平竞赛》。

八月二十九日，在《明报》"明窗小札"专栏发表《什么人当美国兵？》。

八月三十日，在《明报》"明窗小札"专栏发表《日本的"青年军"》。

十月十九日，在《明报》"明窗小札"专栏发表《联大否决中共》。

十一月一日，在《明报》"明窗小札"专栏发表《苏联的第一夫人》。

十一月二日，在《明报》"明窗小札"专栏发表《印度、中共、英国》。

十一月四日，在《明报》"明窗小札"专栏发表《太极拳援助南越》。

十一月六日，在《明报》"明窗小札"专栏发表《苏联间谍秘传》。

十一月七日，在《明报》"明窗小札"专栏发表《苏班德里奥出国》。

十一月八日，在《明报》"明窗小札"专栏发表《北越的飞弹基地》。

十一月九日，在《明报》"明窗小札"专栏发表《美在南越使用的战机》。

十一月十日，在《明报》"明窗小札"专栏发表《美空军各型战机》。

十一月十一日，在《明报》"明窗小札"专栏发表《玛嘉烈的琐闻》。

十一月十二日，在《明报》"明窗小札"专栏发表《黑海边的别墅》。

十一月十四日，在《明报》"明窗小札"专栏发表《英外相访莫斯科》。

十一月十五日，在《明报》"明窗小札"专栏发表《北约已经过时？》。

十一月十六日，在《明报》"明窗小札"专栏发表《林赛当选的意义》。

十一月十七日，在《明报》"明窗小札"专栏发表《飞机误炸及其他》。

十一月二十一日，在《明报》"明窗小札"专栏发表《阿拉伯国家近貌》。

十一月二十二日，在《明报》"明窗小札"专栏发表《东南亚十字路口》。

十一月二十三日，在《明报》"明窗小札"专栏发表《日本的假想敌》。

十一月二十五日，在《明报》"明窗小札"专栏发表《黎巴嫩与中共》。

十一月二十六日，在《明报》"明窗小札"专栏发表《匈牙利人才外流》。

十一月二十七日，在《明报》"明窗小札"专栏发表《白宫中国专家》。

十一月二十八日，在《明报》"明窗小札"专栏发表《叛国命运如何》。

十二月一日，在《明报》"明窗小札"专栏发表《联大投票秘闻》。

十二月二日，在《明报》"明窗小札"专栏发表《美政府第二人》。

十二月三日，在《明报》"明窗小札"专栏发表《苏领袖赞麦纳玛拉》。

十二月四日，在《明报》"明窗小札"专栏发表《英属地还有多少？》。

十二月五日，在《明报》"明窗小札"专栏发表《反飞弹的飞弹》。

十二月六日，在《明报》"明窗小札"专栏发表《亚洲国家的合作》。

十二月八日，在《明报》"明窗小札"专栏发表《印尼共党命运》。

十二月九日，在《明报》"明窗小札"专栏发表《刚果政变的笑话》。

十二月十日，在《明报》"明窗小札"专栏发表《苏加诺是政变发起人？》。

十二月十一日，在《明报》"明窗小札"专栏发表《苏加诺的舞会》。

十二月十二日，在《明报》"明窗小札"专栏发表《法国的总统选举》。

十二月十三日，在《明报》"明窗小札"专栏发表《法美二国的歧见》。

十二月十四日，在《明报》"明窗小札"专栏发表《香港的"小亚洲"》。

十二月十五日，在《明报》"明窗小札"专栏发表《以色列这个国家》。

十二月十六日，在《明报》"明窗小札"专栏发表《美苏高峰会议》。

十二月十七日，在《明报》"明窗小札"专栏发表《白宫小诸葛辞职》。

十二月二十日，在《明报》"明窗小札"专栏发表《美国中央情报局》。

十二月二十一日，在《明报》"明窗小札"专栏发表《南韩的心理战争》。

十二月二十二日，在《明报》"明窗小札"专栏发表《布加勒斯特的传说》。

十二月二十三日，在《明报》"明窗小札"专栏发表《亚洲节育运动》。

十二月二十四日，在《明报》"明窗小札"专栏发表《圣诞前夕在南越》。

十二月二十五日，在《明报》"明窗小札"专栏发表《印尼的新局势》。

十二月二十六日，在《明报》"明窗小札"专栏发表《一九六五年的苏联》。

十二月二十七日，在《明报》"明窗小札"专栏发表《非洲国家的绝交》。

十二月二十八日，在《明报》"明窗小札"专栏发表《泰国的军事实力》。

十二月二十九日，在《明报》"明窗小札"专栏发表《"海上游击战"》。

十二月三十日，在《明报》"明窗小札"专栏发表《"无米，何不吃牛扒？"》。

十二月三十一日，在《明报》"明窗小札"专栏发表《缅甸军人搞经济》。

年底，《明报》日销量约八万份。

是年，联络学人，筹办以文化、学术、思想为主的《明报月刊》。

一九六六年 四十二岁

一月,《明报月刊》创刊。查良镛自掌编辑事务,并在创刊号刊出与纽约《留学生季刊》主编姜敬宽商办《明报月刊》的往来函件五通,题为《桥和路》;另发表《旅游寄简——日本》,记录一九六四年四月在日本参加亚洲报人座谈会期间的见闻。发刊词亦由查良镛执笔,云:"这是一本以文化、学术、思想为主的刊物。编辑方针严格遵守'独立、自由、宽容'的信条,只要是言之有物,言之成理的好文章,我们都乐于刊登。对于任何学派、任何信仰的意见,我们都绝不偏袒或歧视。本刊可以探讨政治理论、研究政治制度、评论各种政策,但我们绝不做任何国家、团体或个人的传声筒。我们坚信一个原则:只有独立的意见,才有它的尊严和价值。任何人如对本刊所发表的文字感到不同意,我们都乐于刊载他的反对意见。《明报月刊》希望成为一个辩论和探讨问题的园地。并不是它已经有了一套信念,因而借这个刊物来加以阐述和宣传。""新,年轻,现代化,多彩多姿的变化和改革,那是我们在编辑上所企求的精神。我们重视数千年中华文化的传统和价值,认为那是全人类文化的一部分宝贵的遗产。但是世界交通日益迅速、文化交流日益频繁的今日,我们

《明报月刊》创刊号（虞顺祥提供）

以本刊的重大任务之一，是介绍世界上最新的思潮、重要的创造和著作。我们对中华文化绝不妄自菲薄，篇幅中的一部分，将用来探讨和介绍中华文化，另一部分，将着重于赶上这个崭新的时代。"

二月，在《明报月刊》发表《忧郁的突厥武士们》，记录一九六四年五、六月间到土耳其伊斯坦布尔参加国际新闻协会第十三届年会期间的见闻。

四月，在《海光文艺》第四期发表《一个"讲故事人"的自白》，表明自己的武侠小说观。

四月二十二日，美国伯克利加州大学学者陈世骧致函查良镛，对《天龙八部》作出极高评价，有谓"书中的人物情节，可谓无人不冤，有情皆孽，要写到尽致非把常人常情都写成离奇不可；书中的世界是朗朗世界到处藏着魑魅和鬼蜮，随时予以惊奇的揭发与讽刺，要供出这样一个可怜芸芸众生的世界，如何能不教结构松散？这样的人物情节和世界，背后笼罩着佛法的无边大超脱，时而透露出来。而在每逢动人处，我们会感到希腊悲剧理论中所谓恐怖与怜悯……"

五月二十六日，《明报》发表社评《是谁发给营业执照？》。

五月二十七日，《天龙八部》连载结束。

六月四日，《明报》发表社评《彭真罢官？》。

　　金庸（右二）在新加坡筹办《新明日报》期间，与《民报》社长黎国华（右三）等人合影。

六月十一日，长篇小说《侠客行》在《明报》开始连载。

九月一日，《明报》发表社评《红卫兵的新行动将是什么？》。

九月，在《明报月刊》发表一九四三年英国哲学家伯特朗·罗素在英国广播电台"第三节目"中演说的译文《一个科学家为民主而呼吁》。

十月，在《明报月刊》重刊一九六二年六七月间发表于《明报》副刊"自由谈"的《读史随笔》（五则），分别是:《刘聪的"愧贤堂"》《"不为不可成者"》《天灾的好处》《民食不足是谁之过》《柳宗元·郭沫若·郭橐驼》。

十二月六日，《明报》发表社评《江青是毛泽东路线的代表》。

是年，去新加坡，筹备出版《明报》新加坡版。因"明""民"音近，容易混淆，引发新加坡《民报》向文化部投诉，遂改名为《新明日报》。

一九六七年 四十三岁

三月十八日，在新加坡与当地人合股创办《新明日报》。长篇小说《笑傲江湖》开始连载。

四月十二日，《明报》发表社评《正本清源，深思反省》。

四月十九日，《侠客行》连载结束。

四月二十日，《笑傲江湖》开始在《明报》连载。由于新加坡华文报每逢公众假期便不出报，而香港报纸除华人新年皆照出不误。因此不用多久，《明报》连载版便超过了《新明日报》。

五月，以一系列劳资纠纷为导火线，香港爆发"左派"领导的群众运动，对抗日益升级，发展到仿效国内"文革"方式，与港府发生激烈冲突。查良镛反对"左派"的过激行为，支持港府的行动。

五月十日，《明报》发表社评《住下来了，不想走了！》。

五月十七日，《明报》发表社评《同情工人，反对骚乱》。

五月十八日，《明报》发表社评《中共是否即要收回香港？》。

五月十九日，《明报》发表社评《英国的香港政策》。

五月二十日，《明报》发表社评《每个香港人的责任》。

五月二十二日，《明报》发表社评《命运相同，同舟共济》。

五月二十三日，《明报》发表社评《香港居民在恳求》。

五月二十五日，《明报》发表社评《十二天来的噩梦》。

五月二十六日，《明报》发表社评《岂有他哉？避水火也！》。

六月六日，《明报》发表社评《本港"左派"拥刘少奇》。

六月九日，《明报》发表社评《本报被禁行销澳门》。

六月二十三日，《明报》发生被"左派"分子撬换版面的严重事件。

六月二十四日，《明报》发表社评《敬告读者》。

六月二十五日，《明报》发表社评《再敬告读者》。由于读者们的同情和支持，《明报》日销量跃至十万份。

七月十三日，《明报》发表社评《恐怖世界，人人自危》。

七月二十二日，《明报》发表社评《真正的言论

1967 年 7 月 23 日，《新晚报》谩骂金庸的文章。

自由》。

约六七月间，在马来西亚创办马来西亚《新明日报》。

夏，"左派"群众与港府发展到武装对抗，香港社会混乱，人人自危。

八月二十四日，猛烈抨击"左派"的香港商业电台著名播放员林彬遇害。

八月二十五日，《明报》发表社评《烧不灭正义的声音》。

八月二十六日，《明报》发表社评《敬悼林彬先生！》。

八月二十八日，《中国邮报》根据"左派"的《抗暴小报》，报道查良镛将是下面"左派"分子的第一个暗杀目标。查良镛全家暂避新加坡。

在新加坡期间，每天下午三点左右，到《新明日报》报馆写《笑傲江湖》。编辑林玉聪回忆，稿纸是特别印制的，每张约五百字，格线是深灰绿色。铺好稿纸，金庸即开始抽烟构思，在缭绕烟雾中执笔书写。没有草稿，大多当场一面构思，一面动笔。写得并不太快，时不时抬起头，抽着烟，出神一会又低头写几个字。每写满一张稿纸就放在一边；排字房的吴树桓在外面等着，看到一张写完，即连忙推门进来，拿了出去发给排字工友。每天写大约一千二百多字,刚够报纸一日之用,从不多写。

九月初,暴动平息。回港。

九月二十二日,创办《华人夜报》。朱玫任社长。

十月,在《明报月刊》第二卷第十期发表《序〈中共文化大革命资料汇编〉》。

十二月三日,《明报》发表社评《林彪渐露跋扈相》。

是年底,专为夏梦告别影坛,移民加拿大而在《明报》发表社评《夏梦的春梦》。

十二月二十二日,《明报》发表社评《明年二月越南大打》,对越战局势作出预测。

是年,请胡菊人任《明报月刊》总编辑。

一九六八年　四十四岁

二月三日，《明报》发表社评《甫交二月　果然大打》。

二月十七日，《明报》发表社评《越战会否用核弹？》。

五月二十日，《明报》发表社评《本报创刊九周年》。

六月四日，《明报》发表社评《读〈红卫兵报〉提高警觉》。

六月十二日，《明报》发表社评《香港制造，何必"帝国"？》

十月，"明窗小札"专栏结束。

十一月，创办《明报周刊》。

十二月七日，《明报》发表社评《香港商人　眼明手快》。

是年，《明报》日销量约十二万份。

约是年，以四十多万港币购下渣甸山一幢两层别墅。

《明报周刊》创刊号（虞顺祥提供）

一九六九年　四十五岁

三月二十九日,《明报》发表社评《台北今开十全大会》。

四月七日,《明报》发表社评《"九大"主席团分四等七级》。

四月十五日,《明报》发表社评《党组织重要性渐失》。

五月二十日,《明报》发表社评《创刊十年,亦忧亦喜》。

初夏,去加拿大。

七月二十九日,《明报》发表社评《香港无宝,自由是宝》。

八月二十二日夜,林以亮(宋淇)等到寓所访谈。

十月十二日,《笑傲江湖》在《明报》连载结束。

十月二十三日,开始写长篇小说《鹿鼎记》。查良镛说:"开始写作之时,'文化大革命'的文字狱高潮虽已过去,但惨伤愤懑之情,兀自萦绕心头,因此在构思新作之初,自然而然地想到了文字狱。"

十月二十四日,《鹿鼎记》开始在《明报》连载。

十一月二十八日,《明报》发表社评《屠杀妇孺令人愤慨》。

十二月一日,创办《明报晚报》。同日,在《明

1969年12月，越南《远东日报》转载的《越女剑》。（于鹏提供）

报晚报》连载短篇小说《越女剑》。

十二月七日，《明报》发表社评《和平安定的七十年代》。

十二月三十一日，《越女剑》连载结束。

是年，《野马》杂志、《华人夜报》先后停刊。

一九七〇年 四十六岁

一二月间，撰写并在《明报晚报》发表《卅三剑客图》的考订介绍文字：《赵处女》《虬髯客》《绳技》《车中女子》《汝州僧》《京西店老人》《兰陵老人》《卢生》《聂隐娘》《荆十三娘》《红线》《王敬宏仆》《昆仑磨勒》《四明头陀》《丁秀才》《纫针女》《宣慈寺门子》《李龟寿》《贾人妻》《维扬河街上叟》《寺行者》《李胜》《张忠定》《秀州刺客》《张训妻》《潘扆》《洪州书生》《义侠》《青巾者》《淄川道士》《侠妇人》《解洵妇》《角巾道人》。

二月四日，《明报》发表社评《一代巨人，罗素逝世》。

二月五日，《明报》发表社评《罗素反对崇拜领袖》。

二月二十五日，《明报》发表社评《人民观点和国家观点》。

三月，开始修订自己的小说。

四月二十六日，《明报》发表社评《光荣的科技成就》。

四月二十九日，《明报》发表社评《勾引敌军入侵本国》。

七月九日，《明报》发表社评《保存中国文化、普及中国文化》。

七月，在《明报月刊》七月号发表《七十年代的中共》，署名黄爱华。

八月，在《明报月刊》八月号发表《七十年代的中共》（二）。

九月十三日，《明报》发表社评《钓鱼台的风波》。

九月，在《明报月刊》九月号发表《七十年代的中共》（三）。

十月，在《明报月刊》十月号发表《七十年代的中共》（四）。

十一月二十日，陈世骧致函查良镛，云："当夜只略及弟为同学竟夕讲论金庸小说事，弟尝以为其精英之出，可与元剧之异军突起相比。既表天才，亦关世运。所不同者今世犹只见一人而已。"

十一月，在《明报月刊》十一月号发表《七十年代的中共》（五）。

十二月六日，《明报》发表社评《钓鱼台列屿属于中国》。

十二月，在《明报月刊》十二月号发表《七十年代的中共》（六）。

是年，应日本《每日新闻》、"亚细亚问题研究会"之邀，至东京就中国历史上的权力斗争问题作专题演讲。

一九七一年 四十七岁

四月十一日，《明报》发表社评《美国声明　偏袒日本》。

四月十七日，《明报》发表社评《一求安定，二求自由》。

四月二十三日，《明报》发表社评《保卫主权不可节外生枝》。

五月二日，《明报》发表社评《亦将有利于吾国乎？》。

五月六日，《明报》发表社评《但求有进步，不必太心急》。

五月二十四日，修订后的新版《碧血剑》在《明报晚报》开始连载。

六月六日—二十六日，因赴芬兰赫尔辛基参加国际新闻协会会议，《鹿鼎记》暂停连载。

九月四日，《明报》发表社评《亦将不利于吾国乎？》。

十月二十八日，《明报》发表社评《台北当局之三条道路》。

十月二十九日，《明报》发表社评《静以观变，不必忧虑》。

十一月，《明报》发表社评《乔冠华演辞有才气》。

年底，罗孚恢复与查良镛的交往，见面定期但不公开，交换对当前国内形势的看法。

一九七二年　四十八岁

四月二十五日，《明报》发表社评《毛泽东应超越马列》。

六月五日—二十四日，因在欧洲，《鹿鼎记》暂停连载。

七月十三日，《明报》发表社评《毛泽东最近的政治思想》。

七月十七日，《明报》发表社评《百余年前开下的老药方》。

七月十八日，《明报》发表社评《先进国家的共产党》。

七月十九日，《明报》发表社评《中国伟大　自古已然》。

七月二十二日，《明报》发表社评《原因在中不在共》。

七月二十四日，《明报》发表社评《尼克逊在中国所见》。

八月四日，《明报》发表社评《两千年完整古尸出土》。

八月七日，《明报》发表社评《不还钓鱼台，不必谈建交》。

八月十四日，《明报》发表社评《领土主权，头号大事》。

八月十五日，《明报》发表社评《人民、政权与领袖》。

九月二十二日，《鹿鼎记》写毕。

九月二十三日，《鹿鼎记》连载结束。连载后有小启称"金庸新作在构思中"。

十一月十一日，《明报》发表社评《文艺政策应摆脱苏联影响》。

十一月二十三日，《明报》发表社评《根本目标是人身自由》。

十二月十七日，《明报》发表社评《虚心自由不加歧视》。

十二月二十五日，《明报》发表社评《国泰民安世界和平》。

十二月二十七日，《明报》发表社评《太空科学推翻马克思主义》。

一九七三年 四十九岁

四月十八日—二十八日，赴台湾访问。先后与"行政院院长"蒋经国、严家淦会谈，并至高雄、桃园、新竹及金门岛参观。

五月十五日，《明报》发表社评《马寅初毕生主张节制人口》。

六月五日，《明报》发表社评《"没有忧虑与急迫的心情"》。

六月七日—二十三日，在《明报》连载数万字的访台纪行《在台所见、所闻、所思》，署名查良镛。

七月，《在台所见、所闻、所思》单行本由明报有限公司出版。其后，中国内地福建军区政治部联络部曾有翻印本，成都军区政治部群工部又翻印福建军区本。

上半年，受全球性石油危机影响，香港股市大幅下跌，《明报晚报》再难给股民以有益的提示，开始出现亏损。

九月—十一月，在《明报月刊》九月号、十月号、十一月号分三次重刊《在台所见、所闻、所思》。

《在台所见、所闻、所思》单行本书影

一九七四年 五十岁

四月,在《明报月刊》四月号(总一百期)以《〈明报〉的一些意见(上)》为题,刊发《毛泽东应超越马列》等五篇《明报》近期社评,并加按语,署名查良镛。

五月十八日,《明报》发表社评《不智不仁,不足言勇》。

五月,在《明报月刊》五月号以《〈明报〉的一些意见(下)》为题,刊发《中国伟大 自古已然》等十二篇《明报》近期社评。

七月十五日,《明报》发表社评《中国将来的政治领袖》。

九月十六日,《明报》发表社评《儒家幌子、法家手段》。

十二月,修订《雪山飞狐》,同时在《明报晚报》连载。

十二月,《雪山飞狐》(附《白马啸西风》《鸳鸯刀》)修订本由香港明河社出版有限公司出版。这是查良镛大幅度修订旧作,并在《明报》旗下率先出版的《金庸作品集》之一。

是年,在家中接待台北围棋访问团一行及学者余英时数日。

一九七五年　五十一岁

一月，写《〈飞狐外传〉后记》。

二月，《飞狐外传》修订本上册由明河社出版。四月，下册出版。

五月，写《〈书剑恩仇录〉后记》。

五月二十三日，在《明报》连载《广东英雄袁蛮子——袁崇焕评传》。

六月二十八日，《广东英雄袁蛮子——袁崇焕评传》连载结束。

六月，写《〈碧血剑〉后记》。

六月，《书剑恩仇录》修订本（上、下）由明河社出版。

夏，书写两幅对联并加长注，以赠倪匡。

九月，《碧血剑》修订本上册由明河社出版。十月，下册出版。

冬，写《明报月刊》十周年的纪念稿《明月十年共此时》。

十二月，写《〈射雕英雄传〉后记》。

是年，与牟宗三、余英时等出席胡菊人、刘美美的婚礼。

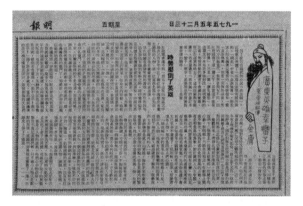

1975 年 5 月 23 日,《广东英雄袁蛮子——袁崇焕评传》在《明报》连载开始。(于鹏提供)

一九七六年　五十二岁

一月，在《明报月刊》一月号发表《"明月"十年共此时》，署名查良镛。

三月，《射雕英雄传》修订本第一册由明河社出版。四月，第二册出版。五月，第三、四册出版。

五月，写《〈神雕侠侣〉后记》。

夏，唐山大地震中弟媳林淑芳遇难，对弟弟查良钰一家多有资助。

九月，《神雕侠侣》修订本四册由明河社出版。

十月，在美国哥伦比亚大学读大一的十九岁长子查传侠，与在旧金山的女友通话时发生争吵，冲动之下自杀丧命。此时，与朱玫正处离婚期间。消息传来，查良镛痛不欲生，对生命产生了大疑问，到佛教书籍中寻求答案。

十一月，开始诵读《金刚经》。

十二月，《倚天屠龙记》修订本第一、二、三册由明河社出版。次年三月，第四册出版。

是年，《武侠与历史》停刊。

是年，与朱玫离婚，与林乐怡结婚。

金庸与幼年的长子查传侠、长女查传诗。

1976年无线电视剧《书剑恩仇录》摄制组合影。后排左四至六，为郑少秋、汪明荃、金庸。

一九七七年　五十三岁

三月，写《〈倚天屠龙记〉后记》。

四月，写《〈连城诀〉后记》。《连城诀》原名《素心剑》。

春夏间，修学般若学与龙树的中观之学。

七月，写《〈侠客行〉后记》。

七月，《连城诀》修订本由明河社出版。

八月，第二次修订《雪山飞狐》。

十一月，《侠客行》（附《越女剑》《卅三剑客图》）修订本（上、下）由明河社出版。

经过几个月来对《杂阿含经》《中阿含经》《长阿含经》废寝忘食的苦苦研读和潜心思索，有所会心。

一九七八年　五十四岁

四月十四日，《明报》发表社评《具体行动　人心大快》。

四月十六日，《明报》发表社评《重心在钓鱼台不在反霸权》。

四月十七日，《明报》发表社评《不可弃土　不妨缓谈》。

四月二十三日，《明报》发表社评《"和平友好"与直升机场》。

四月二十四日，《明报》发表社评《外交部的答复丧失立场》。

五月十三日，《明报》发表社评《东海大陆架与钓鱼台》。

五月二十三日，《明报》发表社评《邓小平谈钓鱼台》。

八月十六日，《明报》发表社评《钓鱼台和邓小平的保证》。

十月十九日下午，与胡菊人到中大校苑访问应新亚书院"文化学术讲座"之邀来香港讲学的钱穆及其夫人。

十月，写《〈天龙八部〉后记》。

秋，在研读《妙法莲华经》的基础上达到了大

1978 年 10 月 19 日，金庸（右）访问钱穆。

欢喜的境界。皈依佛法。

十一月,《天龙八部》修订本五册由明河社出版,末附陈世骧一九六六年四月廿二日、一九七〇年十一月二十日两通来函。

十二月,《明报月刊》十二月号发表《钱穆伉俪与查良镛、胡菊人谈:历史·家国·与中国人的生活情调(钱穆伉俪访问记)》。

一九七九年 五十五岁

初春，中国对越南进行自卫反击，《明报》社评对战争进程多有准确的预测。

三月，为《长春集：明报二十周年纪念画册》作序，署名查良镛。《长春集：明报二十周年纪念画册》五月由明报有限公司出版，分精装、平装两种版本。

九月七日，台湾对"金庸小说"解禁，《联合报》开始连载《连城诀》。

九月八日，台湾《中国时报》开始连载《倚天屠龙记》，《工商时报》开始连载《白马啸西风》。

九月十日，远景出版公司出版《侠客行》。《金庸作品集》在台湾的正式出版从此开始。《射雕英雄传》的书名因有替毛泽东鼓吹之嫌，出版一度受挫，其后易名为《大漠英雄传》面世。

十月三十日夜，应香港中文大学新亚书院之邀，至马料水山与金耀基、黄维梁等四十余人座谈。

十一月初，赴台。与古龙等人座谈。

十一月上中旬，参加"国家建设研究会"。拜访李敖。

十一月十六日夜，与白景瑞、林青霞等电影界人士及唐文标、林清玄等文化界人士座谈。

十一月十七日，回港。

七至十一月间，为卜少夫七十大寿作《一事能狂便年少》。

是年，胡菊人辞去《明报月刊》总编辑一职，查良镛挽留未成，赠以劳力士金表作为感谢。

林乐怡、金庸出席宴席。

一九八〇年 五十六岁

年初，请董桥接任《明报月刊》总编辑。

一月，在《明报月刊》一月号发表《不"美丽"的动乱》。

一月，《笑傲江湖》修订本第一、二册由明河社出版。八月，第三、四册出版。

二月十二日，《明报》发表社评《一九九七？一九八二？》。

三月，在《明报月刊》三月号发表《读刘殿爵先生语体译〈心经〉》，署名查良镛。

五月十四日，赴美。

五月下旬，返港。

五月，写《〈笑傲江湖〉后记》。

六月八日，《明报》发表社评《习仲勋在澳门的谈话》。

六月，台湾远景出版公司出版的刘绍唐主编《卜少夫这个人》一书，收入《一事能狂便年少》。此文于一九九八年六月在《新闻天地》第二四一四期再次发表。

年中，《金庸作品集》修订工作全部完成。

七月十九日，《明报》发表社评《"嘉道理爵士访问记"》。

九月二十二日,《明报》发表社评《秘密协定决无可能》。

九月,在《明报月刊》九月号发表《〈专辑之一〉读后》,署名查良镛。

十月一日,《明报》发表社评《两件大事 当局短视》。

一九八一年 五十七岁

二月十八日，《明报》发表社评《英国国籍法的真正用意》。

二月十九日，《明报》发表社评《必须使三方面都充分满意》，分析中英双方官员就香港前途问题进行的试探性接触。

二月二十日，《明报》发表社评《关于香港未来的一个建议》，预测中英谈判不出以下三个内容：一、香港是中国的领土；二、香港现状不变；三、中国如决定收回香港，应在十五年之前通知英国。

二月二十一日，《明报》发表社评《世事岂能尽如己意》。

二月二十二日，《明报》发表社评《英国对香港兴趣不很大》。

二月二十四日，《明报》发表社评《愿望既一致方式能安排》。

三月三十日，《明报》发表社评《"中英关系，空前良好"》。

四月四日，《明报》发表社评《邓小平再度提出保证——内容相同，分量升级》。

四月八日，《明报》发表社评《关键在于安定繁荣》。

四月二十九日，《明报》发表社评《关键在如何对中国有利》。

五月二十七日，《明报》发表社评《一笑置之走着瞧罢》。

五月二十八日，《明报》发表社评《邵雅宜先生谈香港问题》。

六月七日，《明报》发表社评《积极奋发 求诸于己》。

六月二十一日，《明报》发表社评《不要只图近期暴利》。

六月二十二日，写《〈鹿鼎记〉后记》。

七月四日，《明报》发表社评《六中全会与香港》。

七月十六日，与林乐怡及子女赴北京访问。

七月十七日，廖承志宴请。

七月十八日上午，到人民大会堂福建厅与邓小平会见。谈到六中全会决议对毛泽东的评价、经济建设等问题。

其后，游长城，去内蒙古、新疆、陕西、四川、湖北。

七月，《武林》杂志辗转征得作者同意后，开始在创刊号连载《射雕英雄传》，每期半回，连载了八期共计四回之后停止。此为中国内地读者熟悉金庸

1981 年 7 月,《武林》创刊号开始连载《射雕英雄传》，为内地接受金庸小说之始。

小说之始。

八月十二日，到上海。

八月十四日，到杭州，与兄弟查良铿、查良浩、查良钰，妹妹查良琇、查良璇等亲人相会。

八月十七日，返港。

八月，《鹿鼎记》修订本五册由明河社出版。至此，《金庸作品集》三十六册全部出齐。

九月，在《明报月刊》九月号发表《中共中央副主席邓小平的谈话记录》，署名查良镛；同时，本刊记者发表《中国之旅：查良镛先生访问记》。

九月，获英国皇室颁授的"英帝国官佐勋衔"（OBE）。

十月，在《明报月刊》十月号发表《韦小宝这小家伙！》《康熙的机密奏折》《〈鹿鼎记〉后记》。

十一月三十日，《明报》发表社评《北京的三大任务和香港》。

秋冬，发表短文《深挚热烈的演出》。

一九八二年　五十八岁

一月十一日，《明报》发表社评《英副外相谈访华之行》。

一月二十二日，《明报》发表社评《港督谈香港前途问题》。

三月十七日，《明报》发表社评《香港的"六字宪法"》。

五月二十一日，《明报》发表社评《正视现实不避艰难》。

五月二十二日，《明报》发表社评《多作贡献多受重视》。

七月二十二日，《明报》发表社评《请大家来谈香港前途》。

八月三日，《明报》发表社评《时机未至　保持现状》。

八月四日，《明报》发表社评《目前维持现状将来妥善解决》。

八月六日，《明报》发表社评《未来之事　不可逆料》。

八月十日，《明报》发表社评《欢迎中国银行建造巨厦》。

八月十二日，《明报》发表社评《在制度而不在种族》。

八月十三日，《明报》发表社评《重大行为 显示动机》。

八月二十四，《明报》发表社评《X+Y= 香港继续对中国有利》。

八月三十一日，《明报》发表社评《"保持目前的生活方式"》。

九月三日，《明报》发表社评《香港现状与实际利益》。

九月二十五日，《明报》发表社评《中英会谈的重大成就》。

九月二十八日，《明报》发表社评《旧约未废现状不变》。

九月二十九日，《明报》发表社评《一个香港六个大庆》。

九月，中英两国关于香港前途问题的会谈开始。

十月四日，《明报》发表社评《等于一千个香港的领土》。

十月七日，《明报》发表社评《大量投资 努力经营》。

十月十二日，《明报》发表社评《处之泰然 不必惊扰》。

十月十三日，《明报》发表社评《"港式繁荣"

和"港式自由"》。

同日，青鸟影业公司拍摄的电影《投奔怒海》在香港上映。本片片名系查良镛所取。

十月十四日，《明报》发表社评《生金蛋的怪鹅》。

十月二十日，《明报》发表社评《英国对香港的道义责任》。

十月二十二日，《明报》发表社评《爱护香港多用港货》。

十月二十七日，《明报》发表社评《局面困难我们乐观》。

秋，被安排与抵港访问的英国首相撒切尔夫人单独晤谈。

十一月一日，《明报》发表社评《至少十五年香港无大变》。

十一月四日，《明报》发表社评《"十五年以至更长时间"》。

十一月七日，《明报》发表社评《中共对港澳的政策声明》。

十一月十一日，《明报》发表社评《麦理浩勋爵谈香港》。

十一月二十五日，《明报》发表社评《三个照旧两个自由出入》。

十一月，邀请内地棋手陈祖德到家中养病。

十二月一日，《明报》发表社评《三个"没有了"和三个"照样"》。

十二月二日，《明报》发表社评《经济制度的三个"照样"》。

十二月十二日，《明报》发表社评《香港前途有如"三脚桌"》。

年底，邀请台湾"清华大学"校长、物理学家沈君山到家中与陈祖德交流了两天的棋艺。

是年，为林燕妮小说集《痴》《盟》作序《用香水写的小说——序林燕妮的"爱情小说"》。

是年，《明报》收购《财经日报》。

一九八三年 五十九岁

二月二日,《明报》发表社评《为什么采用不同的标准?》。

四月,再次邀请沈君山来家中与陈祖德交流棋艺。作家三毛同来。

五月二十日,因系创办第二十五年第一日,《明报》发表社评《自由客观,决不改变》,文中说:"我们有一个斩钉截铁的志愿:决不会对不起《明报》的老读者。如果环境变迁、条件变动,《明报》不可能再维持自由客观的风格,我们立即关门收档。'士可杀,不可辱',这句话说来容易,做起来很难,生死毕竟是大事。但放弃一件事业、停办一个企业,许多人一生之中往往会经历许多次,虽然可惜,也没有甚么大不了。'自由客观的风格决不改变'。这是《明报》出版二十四周年之日向老读者们的郑重声明。"

五月二十三日,《明报》发表社评《麦理浩爵士的卓识》。

六月二十三日,《明报》发表社评《香港前途四思而行》。

六月二十七日,《明报》发表社评《邓小平说"请大家放心"》。

七月五日，《明报》发表社评《香港人的表决权与否决权》。

七月六日，《明报》发表社评《稳定繁荣以自由法治为基础》。

七月七日，《明报》发表社评《若要马儿好　须让马吃草》。

七月九日，《明报》发表社评《港督在中英会谈中的身份》。

七月十日，《明报》发表社评《友好合作　解决难题》。

七月十二日，《明报》发表社评《先求十四年中积极合作》。

七月十三日，《明报》发表社评《"自近及远"的原则》。

七月十四日，《明报》发表社评《求同存异　避害趋利》。

七月十八日，《明报》发表社评《港人治港，是否可行？》。

七月二十八日，《明报》发表社评《取消"殖民地"的名称》。

夏，陈祖德结束了半年的休养，返回内地。

八月十六日，《明报》发表社评《一九九七年七月一日》。

八月，与林乐怡赴日本，见围棋名家林海峰，并拜林海峰弟子王立诚为师。

八月二十八日夜，与林海峰应邀到新竹清华园与沈君山等五十多位教授座谈。

八月底，与林海峰、沈君山去台北。

九月九日，《明报》发表社评《言论自由为什么重要？》。

九月十日，《明报》发表社评《中国的"共和"和言论自由》。

九月十一日，《明报》发表社评《要使中英双方都感满意》。

九月十八日，《明报》发表社评《局面很痛苦请大家体谅》。

九月二十一日，《明报》发表社评《香港居民的紧急呼吁》。

九月二十二日，《明报》发表社评《十四年尚久，先争朝夕》。

九月二十三日，《明报》发表社评《英联邦法律制度的基本原则》。

九月二十五日，《明报》发表社评《本世纪内港币性质不变》。

九月二十九日，《明报》发表社评《万应灵药：周恩来原则》。

十月二日，《明报》发表社评《邓小平不会说过不算》。

十月五日，《明报》发表社评《"不恰当的话"要少说》。

十月六日，《明报》发表社评《积极投资　长期规划》。

十月八日，《明报》发表社评《友好谈判　和气生财》。

十月十五日，《明报》发表社评《姬鹏飞谈"港人治港"的具体措施》。

十月十六日，《明报》发表社评《稳定港元汇率的两项措施》。

十月十七日，《明报》发表社评《捉回金鹅　志在金牛》。

十月十八日，《明报》发表社评《英国的经济利益与殖民主义》。

十月十九日，《明报》发表社评《英国的非殖民地化原则》。

十月二十日，《明报》发表社评《中英歧见　应可调和》。

十月二十一日，《明报》发表社评《真正的关键是什么？》。

十月二十二日，《明报》发表社评《为什么信心

　　金庸在广东从化拜聂卫平为师时留影。左起：容坚行、聂卫平、郝克强、管新群、金庸、林乐怡。

不足？要保持什么现状？》。

十月二十三日，《明报》发表社评《"自由与法治"的具体内容》。

十月二十四日，《明报》发表社评《从"七九"到"九七"》。

十月二十五日，《明报》发表社评《"长期利用"而非"设法改造"》。

秋，与林乐怡去广州市二沙头观摩"新体育杯"围棋赛。其间，在从化温泉拜等待挑战的上届冠军聂卫平为师。查良镛欲行跪拜大礼，为聂卫平力阻，改为三鞠躬。

十一月十二日，《明报》发表社评《自由开放以法治为基础》。

十一月十七日，《明报》发表社评《姬鹏飞的最新谈话》。

十一月二十三日，《明报》发表社评《许涤新和沈弼的共同愿望》。

十二月十二日，《明报》发表社评《共同要求：生活方式不变》。

十二月十五日，《明报》发表社评《中英港的基本要求》。

十二月二十六日，《明报》发表社评《香港人信心之所在》。

年底，再次邀请陈祖德到家中养病。

是年，去过美国。

一九八四年 六十岁

一月六日，《明报》发表社评《大建设培养大信心》。

一月八日，《明报》发表社评《稳定繁荣的八大支柱》。

一月九日，《明报》发表社评《能不能实施民主政治？》。

一月十日，《明报》发表社评《利国利港 利人利己》。

一月十一日，《明报》发表社评《中共对香港的目标与手段》。

一月十六日，《明报》发表社评《"新华社不是香港政府"》。

一月二十三日，《明报》发表社评《"三三制"与民选政府》。

一月二十四日，《明报》发表社评《国际性的承诺与保证》。

一月二十七日，《明报》发表社评《公报老套似旧岁 会谈有益 迎新年》。

一月三十日，《明报》发表社评《现行的司法独立制度》。

一月，在《明报月刊》一月号发表《〈神雕侠侣〉

后记》。

二月二十二日，《明报》发表社评《力求完善不期速成》。

二月二十四日，《明报》发表社评《"一个中国两种制度"》。

二月，在《明报月刊》二月号发表《实事求是看九七》，重刊《中英港的基本要求》《香港人信心之所在》《利国利港 利人利己》三篇《明报》社评，署名查良镛。

三月五日，《明报》发表社评《论"保罗动议"》。

三月六日，《明报》发表社评《"被动式"与"必须"》。

三月七日，《明报》发表社评《充分讨论对大局有益》，表明对立法局非官守议员提出的"保罗动议"的支持立场。

三月十五日，《明报》发表社评《立法局谈香港前途》。

三月二十一日，《明报》发表社评《英国再管香港十三年》。

三月二十三日，《明报》发表社评《政府是否可打输官司？》。

三月二十四日，《明报》发表社评《就算怕老婆也不怕政府》。

三月二十六日，《明报》发表社评《"三脚桌"与"三脚凳"》。

四月二十一日，《明报》发表社评《英国外相的重要透露》。

四月二十二日，《明报》发表社评《惟一可能的结果》。

四月二十三日，《明报》发表社评《有什么保证？》。

同日，为《香港的前途——明报社评选之一》写《几点说明》。《香港的前途——明报社评选之一》是将一九八〇年以来所写二百多篇关于香港前途问题的社评，选出一百二十八篇的结集。

春，陈祖德结束了四个月的休养，返回内地。其间，沈君山两次前来相会。

五月，《香港的前途——明报社评选之一》由明报有限公司出版发行。六月即再版。

十月十六日，应邀赴京访问。十九日，与中共中央总书记胡耀邦会见。

十月下旬，到六合看望长兄查良铿一家。

十一月，第六届"新体育杯"围棋赛决赛移师查良镛家中进行。

《香港的前途——明报社评选之一》书影

一九八五年 六十一岁

三月，再一次修订《书剑恩仇录》。

四月，第三次修订《雪山飞狐》。

四月，在《明报月刊》四月号发表《围棋五得》。

六月十八日，名列第六届全国人大常委会第十一次会议通过的香港特别行政区基本法起草委员会五十九名委员中。

六月十九日，《明报》发表社评《目标是求"不变"》。

六月三十日，《明报》发表社评《对基本法的初步构想》，表明对基本法的四点意见：实际重于理想，经济重于政治，自由重于民主，法治重于平等。

七月一日—十九日，在北京参加草委会一次会议。四日，作《一国两制与自由人权》的长篇发言。

七月二十三日，海宁县人民法院"撤销海宁县人民法庭一九五一年四月二十六日第134号刑事判决，宣告查枢卿无罪"。

九月，《金庸作品集》在台版权转到远流出版公司。

十月，与远景、远流两家出版公司在报上刊登联合启事，公布《金庸作品集》版权转移情况。

十二月十五日，《明报》发表社评《民主不等于自由》。

　　十二月十八日，香港特别行政区基本法咨询委员会成立。名列其中。

　　是年，《明报》创办美洲版。

一九八六年 六十二岁

一月九日，《明报》发表社评《直接选举，中共必胜》。

一月二十七日，《明报》发表社评《坚决保卫言论自由》。

一月二十八日，《明报》发表社评《什么是言论自由》。

一月，在《明报月刊》一月号发表《丙丁之岁》，署名查良镛。

二月六日，写《〈金庸作品集〉台湾版序》。

三月一日，参加在港举行的香港基本法咨询委员会第一次全体会议。

四月五日，向即将于次日在嘉兴举办的张印通纪念会发去贺电。

四月十八日——二十二日，在北京参加基本法起草委员会第二次全体会议，被任命为政治体制专题小组港方负责人。

四月，让编辑石贝专门负责比较《明报》与其他报纸的异同与差距。列入比较的有中文报纸《东方日报》《成报》《星岛日报》，有时会加进《信报》，英文报纸有 *SOUTH CHINA MORNING POST STANDARD*。比较内容为：统计其他报纸的头版选

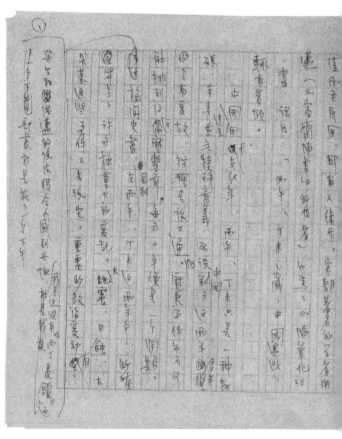

发表于 1986 年 1 月号《明报月刊》的《丙丁之岁》手稿（友人收藏）

丙丁之歲　李育中

「明報月刊」於一九六六年創刊，那一年
是丙午年，又值大革命在這一年全面發動。一
一年是丁未年，革命始進入高潮。香港的一九六
七年大騷动，便發生丁未年。

某德鋒先生一篇涉及史事的掉文中選。

某報有位柴萼，一偏護清史，此輩，真春属
而下轰之，至於主代，為丙午，丁未春月二十
有二、三上卷，一載…柴萼变故，刊書被
舉。一面两偏刊一部書，君惜，而丁卒鎗如
意思後与達丙午，丁未年，更時刋心搜集
。柴萼撰到元四七年丁未卒也。（这）一年連軍

　　香港特区基本法起草委员会政治体制小组的主要成员：
（左起）李柱铭、徐是雄、查良镛、谭惠珠、李福善。

用何种新闻、国际新闻所占篇幅、图片质量与数量，比较处理同一新闻的优劣。同时还要检查《明报》的错标题与错字，对副刊提出改革建议，以及所有编辑记者是否按照查良镛要求，写稿用稿以白话文为标准，不能掺入广东方言。

四月，为《当代中国绘画》作序《向中国画的大师们致敬》。

四月，在《明报月刊》四月号重刊一月二十七日、二十八日的《明报》社评《坚决保卫言论自由》《什么是言论自由》。

五月一日，到丹阳，查阅县志中关于祖父的记载，访祖父居住过的界牌镇。在正则画院题词："怀先祖之遗爱，赌今贤之丰功。"

五月，从南京到六合，为查良铿祝七十寿。

五月，在《明报月刊》五月号发表《向中国画的大师们致敬》，署名查良镛。

春夏，受切尔诺贝利核电站核泄漏事故的影响，香港掀起了反对在大亚湾建核电站的热潮。查良镛亦持反对立场。

六月四日，《明报》发表社评《香港就成死港！》。

六月二十一日，《明报》发表社评《要计算"政治安全系数"》。

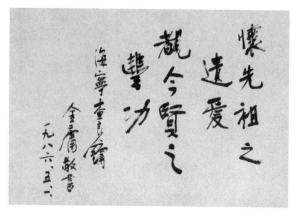

金庸在祖父任职过的丹阳留下墨迹："怀先祖之遗爱，睹今贤之丰功。"

六月二十六日，《明报》发表社评《一国两制，还是一拍两散？》。

七月十日，《明报》发表社评《"不必须"与"必须不"》。

七月十九日，《明报》发表社评《不必讨论与必须讨论的问题》。

七月二十日，《明报》发表社评《安全问题早有结论》。

七月二十三日，《明报》发表社评《核电厂择址法例质疑》。

七月二十五日，《明报》发表社评《"非常性的经济损失"》。

七月二十七日，《明报》发表社评《有没有"太平门"？》。

八月四日，《明报》发表社评《"不大可能发生的大事故"》。

八月五日，《明报》发表社评《大亚湾核电和政治》。

八月十日，《明报》发表社评《〈明报〉愿与核电考察团打赌》。

八月十二日，《明报》发表社评《一百六十六分之一》。

八月十三日，《明报》发表社评《关怀香港，各

金庸（右）与吴清源对弈

尽其责》。

八月二十二日，《明报》发表社评《连串错误酿成巨灾》。

八月三十一日，《明报》发表社评《文法局议员核电"公关"团报告书》。

九月四日，《明报》发表社评《核电考察团代表谁？》。

九月六日，《明报》发表社评《民意怎样划分等级？》。

九月十一日，《明报》发表社评《香港特别行政区不能搬迁》。

九月十二日，《明报》发表社评《香港情况独一无二》。

九月十六日，《明报》发表社评《坐不垂堂　曲突徙薪》。

九月二十四日，《明报》发表社评《考察团北京行的成果》。

十月八日，创办《明报电视周刊》。

十月三十日，参加吴清源被授予荣誉文学博士的香港中文大学第三十一届颁授荣誉学位及高级学位典礼。

十一月二十九日—十二月二日，在北京参加基本法起草委员会第三次全体会议。

是年，被香港大学聘为名誉博士。

是年，《财经日报》停办。

约是年，为吴清源回忆录《天外有天》作序《崇高的人生境界》。

一九八七年 六十三岁

一月十八日,《明报》发表社评《胡耀邦辞职引起疑问》。

一月二十一,《明报》发表社评《胡耀邦为什么下台？》。

一月三十一日,汉学家、佛学家蒲乐道（John Blofeld）为《老蒲游记》出版事致函查良镛,邀请到泰国居所晤谈佛学。因六月十七日蒲乐道辞世,未得践约。

四月十三日—十七日,在北京参加基本法起草委员会第四次全体会议。

春,与卜少夫、陆铿等发起徐铸成八十寿辰及从事新闻工作六十周年纪念,后因故未果。

八月十三日,天津电影制片厂、香港扬子江影业有限公司、香港银都机构有限公司合作拍摄的电影《江南书剑情》上映。这是根据《书剑恩仇录》改编拍摄的电影上部,由许鞍华执导,查良镛亲自参与剧本写作。下部题为《戈壁恩仇录》,二十八日上映。

八月二十二日—二十六日,在北京参加基本法起草委员会第五次全体会议。

约夏秋间,《明报电视周刊》停刊。

十月中下旬，因受全球性股灾影响，香港股市几度暴跌，《明报》集团上市计划搁置。

十二月十二日——十六日，在广州参加基本法起草委员会第六次全体会议。

十二月，参加香港中文大学中国文化研究所召开的首届"国际中国武侠小说研讨会"。

是年，香港法律改革委员会委员任期结束。

是年，查传讷嫁给医生吴维昌。

是年，《明报》集团成立"翠明假期"，经营旅游。

一九八八年 六十四岁

年初，为化解关于政制问题的各种方案的分歧，提出自己的"协调方案"。

四月十六日，参加咨询委员会全体会议。

四月二十六—二十八日，在北京参加基本法起草委员会第七次全体会议。

五月，查传诗嫁给《明报晚报》总编辑赵国安。

六月，与来港的基本法起草委员会部分内地委员座谈。

九月，与再次来港的基本法起草委员会内地委员座谈。

十月十四日，复信问候小学老师陈未冬。

十月，拟出"新协调方案"。

十一月十二日，出席政制方案协调大会，任主席。但各方分歧过大，难以协调。

十一月十三日，去深圳与新华社香港分社社长许家屯商谈。

十一月十六日，将"新协调方案"分送在港的政制小组成员。

十一月十八日傍晚，抵广州。

十一月十九日—二十二日，在广州参加政治体制小组会议。"新协调方案"第二稿修改后得以通过，

　　1988 年 12 月 2 日,香港青年学生到《明报》抗议《明报》在处理"主流方案"上的立场, 并现场焚烧《明报》。

成为"主流方案"。其间及稍后一段时间,"民主派"发动媒体抨击、学生游行,反对查良镛及"主流方案"。

十一月二十五日,《明报》发表社评《没有一国的行政首长是直选产生》。

十一月二十六日,《明报》发表社评《直选首脑少之又少》。

十一月二十七日,《明报》发表社评《民主国家如何选出行政首长?》。

十一月二十八日—十二月九日,在《明报》连载长篇文章《平心静气谈政制》。

十二月一日,向基本法咨询委员会汇报"主流方案"形成的情况。

十二月二日,二十名大专学生在《明报》报社门外焚烧《明报》,抗议《明报》在处理"主流方案"上的立场。

十二月三日,抗议"主流方案"的"民主派"人士开始"马拉松绝食"。

十二月六日—七日,在广州参加基本法起草委员会主任扩大会议。

十二月三十一日,在年夜宴会上促成黄霑向林燕妮求婚成功,当即为之草拟婚书,写下"黄鸟栖燕巢,与子偕老;林花霑朝雨,共君永年"一联。

1988年12月31日,金庸(中)促成黄霑向林燕妮求婚成功。

几小时后，林燕妮酒醒反悔。

是年，被香港大学聘为社会科学院名誉博士、文学院名誉教授。

是年，《明报晚报》停刊。

是年，致函浙江省副省长徐起超，感谢其为父亲平反，并将落实祖传私房政策的一万六千余元捐给母校袁花镇小学。

自是年起，与徐东滨、吴霭仪轮流写《明报》社评。近年来，徐东滨、潘粤生也曾参与执笔社评。为别于他人，查良镛所写社评，皆用宋体字。

一九八九年 六十五岁

一月八日，"马拉松绝食"结束。

一月九日—十五日，在广州参加基本法起草委员会第八次全体会议，审议基本法（草案）征求意见稿。会上通过了查济民修正的查良镛方案，人称"双查方案"。

四月十六日，《明报》发表社评《致力改革 正直诚恳 深得民心》。

四月二十二日，《明报》发表社评《愤愤不平所为何来？》。

四月，在《明报月刊》四月号发表《吴霭仪与〈金庸小说的女子〉》。

五月十六日，《明报》发表社评《邓小平是大旗手》。

五月二十日，宣布辞去基本法起草委员会委员、咨询委员会委员职务。

六月一日起，不再担任《明报》社长一职。

六月六日，《明报》发表社评《何前言之不对后语也？》。

六月七日，《明报》发表社评《中国政局的大致趋向》。

六月八日，《明报》发表社评《把天下人都当作了白痴》。

六月上旬，为吴霭仪《金庸小说中的男子》作序《小序：男主角的两种类型》。

六月十二日，《明报》发表社评《四面楚歌 万方多难》。

六月十三日，《明报》发表社评《"十年辛苦不寻常"》。

六月十四日，《明报》发表社评《中共今后的基本路线》。

六月十五日，《明报》发表社评《并无大变 但有小变》。

六月十九日，《明报》发表社评《自由与法治展览会》。

六月，在《明报》发表社评《大家斗命长 仍盼邓能赢》。

八月十一日，《明报》发表社评《香港和联邦制的设想》。

八月十二日，《明报》发表社评《一国两制胜于联邦制》。

是年，向外界表示有意出售《明报》股份。

是年，继母顾秀英去世。

一九九〇年 六十六岁

九月二十七日，查良钰与妻子朱凤英来港。在家中住两月余。朱凤英回忆："小阿哥在生活上不很讲究，除了不喜欢吃荤外，什么饭菜都吃得挺香。他习惯晚上工作，每天早上五六点钟才睡觉，中午十二点左右起床。吃午饭后稍稍休息一下又进书房写东西，东西写好了直接传真出去。晚饭后，如果没有社交活动和来客，同家人小叙片刻后，他就又走进书房，一直工作到天明。小阿哥从来不去游乐场所，我们也从未见他跳过舞，有许多社会活动他都让夫人林乐怡代表他去参加。"

十一月，去香港大学听查良镛学术基金讲座邀请的旧日同事唐振常主讲《从中西文化冲突看五四之后传流》。

一九九一年 六十七岁

一月四日，手写聘书，聘请潘耀明担任明报杂志有限公司、《明报月刊》总编辑兼总经理。

三月二十二日，《明报》挂牌上市。

约上半年，为钟岱《涓水苔痕》作序。

十月三十日，入选英国牛津大学圣安东尼学院访问院士。

十一月，与于品海初步达成收售《明报》的协议。

十二月五日，入选牛津大学现代中国研究所访问院士。

十二月十二日，与于品海联合宣布：智才管理顾问公司技术性收购明报企业。

是年，以十二亿资产名列《资本》杂志《九十年代香港华人亿万富豪榜》第六十四位。

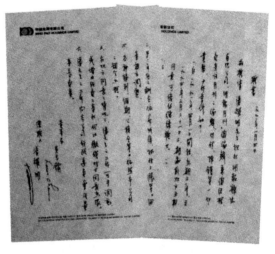

　　金庸聘请潘耀明担任明报杂志有限公司、《明报月刊》总编辑兼总经理的手写聘书。

一九九二年 六十八岁

一月，出任明智控股公司主席。智才集团收购《明报》正式启动。

二月，智才公司在《明报》控股。

二月，赴牛津大学讲学。

二月十九日，在牛津大学以《香港和中国：一九九七年及其后五年》为题主持讲座。

四月，在《明报月刊》四月号发表《香港和中国：一九九七年及其后五年》，署名查良镛。

六月，回香港。

六月，以明报董事会名义宣布：向"希望工程"捐款两千万港币。

十月七日，被法国政府授予"荣誉军团骑士勋衔"。

十一月下旬，赴加拿大，被温哥华英属哥伦比亚大学聘为兼职教授。

十二月初，与林乐怡返回内地，先后到杭州、嘉兴、海宁，参加嘉兴一中校庆及捐资三百万港币所建的金庸图书馆奠基典礼，与老师、同学等见面，重游南湖、母校等故地。三日，与林乐怡去硖石西山徐志摩墓凭吊。此为四十年来第一次返乡。

是年，去大连、沈阳观光。

1992年12月，金庸（右二）首度返乡，回到袁花镇中心小学。

当年遭寇難　失哺意彷徨
母校如慈母　育我厚撫養
去來五十載　重瞻舊黌堂
感懷昔日情　恩德何敢忘

為母校嘉興一中敬書

金庸

一九九二十二三

1992 年 12 月 3 日，金庸为嘉兴第一中学九十年校庆的题词。

1992 年 12 月 3 日，金庸（右）探望章克标时合影。

一九九三年 六十九岁

一月，在《明报月刊》一月号发表长文《功能选举的突变》，署名查良镛，抨击港督彭定康的政改方案。

三月上中旬，为《香草诗词》第二辑作《参草有感四首》。

三月十八日，赴北京参观访问。

三月十九日，与中共中央总书记江泽民会见，谈到香港及有关新闻、经济的问题。

三月二十日，赴山东参观访问。四天中先后到青岛、烟台、威海。

三月，在《明报月刊》三月号发表自译的《功能选举的突变》英文本，署名 Louis Cha。

四月一日，宣布辞去明报集团董事局主席职务，改任名誉主席。

四月二日，在《明报》发表《第三个和第四个理想》。

春，去英国，受爱丁堡大学之邀，作了一次关于小说的演讲。

六月，在《明报月刊》六月号发表《北国初春有所思》，记叙访问北京的见闻与思考。

八月二十九日，在新加坡担任首届国际华语大专辩论会决赛评委。

八月，在《明报月刊》八月号发表《〈北国初春有所思〉律诗补注》。

十二月初，致函明报集团董事局，希望辞去名誉主席及非执行董事之职。

十二月中，将《明报》百分之十七点五的股权售给智才集团，约套现二点六亿元。余股准备分五个阶段沽清。

年底，去张家界。又去新加坡、马来西亚、泰国。

是年，出席在港举行的海峡两岸及香港新闻工作研讨会，并做专题演讲。

是年，向北京大学捐赠一百万元人民币，作为北大国学研究院的启动资金。

一九九四年 七十岁

一月一日，辞去明报集团名誉主席及非执行董事之职。

一月，至澳大利亚悉尼参加作家节活动。二十三日与梁羽生作为武侠小说专题研讨会主讲嘉宾发言。二十四日返港。

一月，写《金庸作品集"三联版"序》。

一月，在《明报月刊》一月号发表《三地同业，皆兄弟也》，署名查良镛。

三月，《金庸作品集"三联版"序》发表于《读书》第三期。

四月一日—十日，与林乐怡回浙江。因得知父亲坟墓已毁，墓址亦无法确指，最终未能祭扫。被杭州大学聘为名誉教授。后至嘉兴、桐乡乌镇、绍兴、普陀等地。

四月中下旬，应企业界组织YPO的演讲邀请，赴台一周，与前"装甲兵司令"蒋纬国、诺贝尔奖获得者李远哲、海基会秘书长焦仁和、作家柏杨等人见面。在公开场合，表示不谈政治问题与《明报》事务。

五月，北京生活·读书·新知三联书店出版《金庸作品集》，这是金庸小说首次在中国内地经过授权、

　　1994 年 1 月悉尼作家节期间，金庸（右）前往梁羽
生家与之对弈。

完整出版。

五月，在《明报月刊》五月号发表《大众传媒与开放社会》，署名查良镛。

六月九日，在半山区家中接待学者袁良骏。

八月，因在出版的《二十世纪中国文学大师文库·小说卷》的九位大师中名列第四，而茅盾榜上无名，引起了舆论的巨大争议。

十月二十三日—二十九日，在北京大学访学。二十五日，被北京大学授予名誉教授称号并作演讲。

十一月二十五日，在明河出版社接受《金庸传》的作者冷夏采访。

十二月，《明报月刊》十二月号以《金庸的中国历史观》为题刊发十月二十五日在北京大学的演讲。

是年，去法国马赛等地。

一九九五年 七十一岁

一月，《明报月刊》一月号以《金庸谈武侠小说》为题刊发十月二十七日在北京大学关于武侠小说的演讲以及"答北大同学问"。

一月，冷夏著《金庸传》由台北远景出版公司、香港明报出版社出版。本书内地版《文坛侠圣：金庸传》于四月由广东人民出版社出版。

约春，请潘耀明到北角的办公室筹划、商讨出版一本历史文化类杂志，表示打算正在构思一部历史小说，可以在新杂志上连载。

三月二十二日，因心脏病突发入院手术治疗。

四月一日，潘耀明入职明河社。但筹办中的新杂志因突如其来的心脏手术从此搁置。

九月二十四日，与梁羽生同时获得"首届武侠小说创作大奖"代表最高荣誉的"金剑奖"。

十月，于品海出售《明报》股权，马来西亚富商张晓卿接手《明报》。

十一月二十二日，中学老师俞芳从教六十周年，致函以贺。

十二月二十八日，任香港特别行政区筹备委员会委员。

是年，出资人民币一千四百万元，在西湖风

景区建云松书舍，另港币二十万元购买图书；出资一百二十万元港币在浙江大学设立"金庸奖学金基金会"和"浙江大学金庸人文基金"。

一九九六年 七十二岁

一月二十六日—二十七日，参加筹备委员会首次全体会议。

二月五日，在山顶道家中接待上海学林出版社编辑周清霖。

二月，参加推选委员会首次会议。

四月初，去日本东京，参观牧口纪念馆，在创价大学演讲，与德间书局签订有关出版小说集日译本的合约。

五月二十三日，去珠海参加筹备委员会议。

初夏，出席香港新闻工作者联会，与众多新闻界人士呼吁港府取信于民。

六月，获英国剑桥大学颁授荣誉院士。

九月五日，成为《远东经济评论》封面人物。

九月十五日，被选为香港文学界庆祝国庆迎接香港回归筹备委员会主任委员。

十月一日，在北京参加庆祝中华人民共和国建国四十七周年国宴。

秋，在北京参加筹备委员会六次全会。

十一月三日，从北京飞抵杭州。

十一月四日，出席新建成的云松书舍的捐赠仪式。

十一月五日，被浙江大学聘为名誉教授，做《浙江学人与学风》的学术报告。

十一月九日，回海宁。

十一月十一日，参加首届"金庸学术研讨会暨《金庸研究》首发式"。回杭州。

十一月十三日，返回香港。

十一月十六日，开始与池田大作进行对话。

十一月十九日，被香港理工大学授以法学博士学位，在典礼上发表题为《中国学术思想的传统精神》的答谢词。

十二月十五日，受邀作为嘉宾到北京参加中国作协第五届全体代表大会以及全国文联第六届全体代表大会。

十二月十八日，返回香港。

是年，作《走近蔡澜》。

是年，为小弟查良钰病情，安排转到杭州邵逸夫医院诊断、手术，并亲去探望。

是年，将山顶道一号住所以一点九亿港币出售给品质国际主席李同乐。

一九九七年 七十三岁

二月，在《明报月刊》二月号发表与池田大作的对话录《香港的明天——面对回归》。这一对话录在日本《潮》、北京《三联生活周刊》差不多同时连载。

二月十五日，参加第十六届世界青年和平文化节。

三月，《明报月刊》三月号发表《中日关系与环太平洋文明——金庸／池田大作对谈录之二》。

春，去北京。

四月初，在杭州。邀请查济民参加浙江大学百年校庆。

四月，《明报月刊》四月号发表《抚今追昔话当年——金庸／池田大作对谈录之三》。

五月，《明报月刊》五月号发表《从香港走向二十一世纪——金庸／池田大作对谈录之四》。

六月，在《明报月刊》六月号发表《邓小平的估计实现了多少？——致池田大作信》。同期刊发《酒逢知己千杯少：论中日的友情观——金庸／池田大作对谈录之五》。

上半年，为《历史的一刻》作序，并受聘为该书顾问。

七月十一日，在北京开完筹委会最后一次会议。

七月，《明报月刊》七月号刊发《酒逢知己千杯少：谈香港的明天、佛法与正义——金庸 / 池田大作对谈录之五（下）》。

夏，在《香港周刊》发表《记住你在哪里》。

八月三十一日，在新加坡担任九七国际大专辩论会评委。

八月，《明报月刊》八月号刊发《世界名著中的英雄人物——金庸 / 池田大作对谈录之六》。

九月十七日，在浙江大学出席"求是科技基金会"第二次颁奖仪式并致辞。

九月十九日（农历八月十八），与杨振宁、查济民在海宁盐官看潮。返回浙江大学。

九月，在香港创作学会第九届文化讲座作学术演讲《漫谈中国文化与宗教》。

九月，《明报月刊》九月号刊发《世界名著中的英雄人物——金庸 / 池田大作对谈录之六（下）》。

十月六日，出席陈凡葬礼。

十月初，去上海。

十月二十一日，《鹿鼎记》首卷英译本由香港牛津大学出版社出版。

十月，去澳大利亚。

十月，《明报月刊》十月号刊发《鲁迅：在灵魂深处唤醒民众的作家——金庸 / 池田大作对谈录之七》。

十一月二十日，在上海《文汇报》发表《论岳飞与秦桧》。

十一月，《明报月刊》十一月号刊发《以笔为武器：鲁迅、日莲与巴金——金庸／池田大作对谈录之八》。

冬，去吉隆坡。

十二月三十日，获第一届香港特区艺术发展局文学成就奖。

十二月，《明报月刊》十二月号刊发《中国人的多元思考与文学创作价值观——金庸／池田大作对谈录之九》。

十二月，在《香港文学报》第四十八期发表《〈芳菲天涯〉序》。

一九九八年 七十四岁

一月，《明报月刊》一月号刊发《大文豪雨果：以人性之光照耀世界——金庸／池田大作对谈录之十》。

二月，《明报月刊》二月号刊发《〈三国演义〉：中国古典小说的典范——金庸／池田大作对谈录之十一》。

三月七日，在上海《文汇读书周报》发表《〈镜底世界〉序》。

三月，为《探求一个灿烂的世纪——金庸／池田大作对话录》写序言《不曾识面早相知》。

三月，《明报月刊》三月号刊发《〈水浒传〉：寄托着民众内心憧憬的名著——金庸／池田大作对谈录之十二》。

约春，在岭南学院发表演讲《漫谈小说》。

四月十一日，赴云南大理参加"三月街"活动。被授为大理荣誉市民。

四月十二日，在大理出席金庸学术研讨会开幕式。

四月二十五日，在香港办公室接待海宁市市长应忠良，商讨旧居赫山房修复方案。

四月二十六日，出席第十七届香港电影金像奖颁奖仪式，并为获得最佳编剧的《南海十三郎》编剧杜国威颁奖。

四月，《明报月刊》四月号刊发《谈吉川英治与大众文学——金庸／池田大作对谈录之十三》。

五月十七日—十九日，在美国科罗拉多大学波德校区参加由该校东亚系召开的"金庸小说与二十世纪中国文学"国际学术讨论会，与来自全球各地的四十多位学者、作家交流看法，在闭幕式上发表讲话，谈小说创作的有关思考。

五月，《明报月刊》五月号刊发《关于"武侠小说"的对话——金庸／池田大作对谈录之十四》。与池田大作的对谈至此暂告一段落。

五月，《探求一个灿烂的世纪：金庸／池田大作对话录》日文版由日本潮出版社东京社出版。此书中文版分别于七月由香港明河社出版，十月由台湾远流出版公司出版，十二月由中国大陆北京大学出版社出版。

六月，在《明报月刊》发表《人生小语》。

夏，去日本、云南大理。

七月底，回港。

八月，在《明报月刊》八月号发表五月研讨会的闭幕发言《小说创作的几点思考——金庸在闭幕式上的讲话》。本期《明报月刊》系"金庸小说与二十世纪中国文学"专题。

九月，在杭州出席新成立的浙江大学成立典礼。

十一月上旬，在台湾出席金庸小说国际学术研讨会。

十一月十八日，朱玫病逝于香港湾仔律敦治医院，享年六十三岁。

十一月，出席香港和平文化促进会。二十八日，主持香港中华文化促进中心举办的王蒙讲座。

十二月十四日—十七日，在港出席"中华文化与二十一世纪"国际学术研讨会。

是年，第三次修订小说，《书剑恩仇录》已改定，开始改《碧血剑》等。

是年，获香港特区政府市政局颁授的"文学创作终身成就奖"，与冰心、巴金获香港（海外）文学艺术协会颁授的"当代文豪金龙奖"。

是年，出席香港作家联会成立十周年庆祝会，连夜看了一部铁凝的长篇小说。

晚年金庸

一九九九年 七十五岁

春节期间，与返港探亲的梁羽生会面。

三月二十四日，赴杭州。

三月二十六日，正式就任浙江大学人文学院教授、院长之职。

三月三十日，诗歌《"小读者"悼念冰心阿姨》及致金坚范函在《文艺报》发表。

四月初，去上海参加中国青少年发展基金会举办的"中华古诗文经典诵读座谈会"。

四月五日——十日，在浙大讲课。

四月十二日，回港。

四月十六日，到台北，去余纪忠家贺九十大寿。

五月十八日，在《大公报》发表《不必改 不可改 改不成》。

五月，在云南丽江参加"炎黄杯"名人围棋邀请赛。

约上半年，为《开拓人生路》作序《贪污若再起，视之如大敌》。

七月十五日，在《人民日报》发表《谦谦君子温润如玉》。

七月，在《明报月刊》七月号发表《读书心得》。

七月，在《台港文学选刊》第七期发表《贪污若再起，视之如大敌》。

夏，主持"金庸著作慈善汇展"开幕典礼。

八月二十九日，任九九国际大专辩论会评委。

九月二十四日，海宁旧居赫山房主体工程完工，举行落成庆典。

十月十二日，赴杭州浙江大学。

十月二十一——二十一日，在湖州。

十月中下旬，给学生上课，参加各种学术会议，二十五日，在"新闻业机制改革与经营管理"研讨会上发言。

十月二十八日，主持召开浙江大学人文学科建设和发展大型研讨会。

十月，在《明报月刊》十月号"新中国五十年总评说"专题发表《文景开元，何足道哉！》，署名查良镛。

十一月一日，回港。

十一月五日，《文汇报》以《不虞之誉和求全之毁》为题刊出查良镛四日来函，作为对王朔《我看金庸》一文的回应。

十一月八日，北京文化艺术出版社就查良镛多次指称该社出版的《评点本金庸武侠全集》为盗版等问题向法院起诉。

十一月下旬，出席第五届中国名校大学生辩论赛。

十二月，在《明报月刊》十二月号发表《浙江港台的作家》，再次回应王朔，同时转载《不虞之誉和求全之毁》。

十二月，在浙江大学文学院印发的学院简介上刊出《院长献词》。

十二月，在《新闻记者》第十二期发表《两种社会中的新闻工作——在新闻业机制改革与管理研讨会上的发言》。"解放军负责保卫国家人民，我们新闻工作者的首要任务，同解放军一样，也是听党与政府的指挥，团结全国人民，负责保卫国家人民。我们跟随党的政策，不是甘心做党的工具，受它利用，丧失做一个诚实的新闻工作者的良心与立场，而是尽一个爱国公民的职责，保卫国家，不受外国的颠覆和侵略。""资本主义社会中的传播媒介，表面上说得很好听，什么新闻自由、真实报道，自称与社会主义国家的传媒不同……其实，资产阶级的传媒，也是为他们的阶级利益服务的，也不免假话连篇。""在资本主义社会中……新闻自由其实是新闻事业老板所享受的自由，一般新闻工作者非听命于老板不可。我在香港做了四十年以上的新闻工作，十分明白所谓'新闻自由'的真相。"这些言论在海外引起关注与抨击。

金庸的藏书印"金庸查氏藏书"

二〇〇〇年 七十六岁

一月，在《收获》第一期发表回忆散文《月云》。

一月，在《文采》第七期发表《〈说侠〉节略》。

初春，在澳大利亚。

四月上旬，回港。

四月十六日，赴杭州。

四月十八日下午，召开浙江大学人文学院院党政班子成员、各系系主任、研究所所长联席会议。

四月二十五日，赴无锡。

四月二十六日，在无锡影视基地看望中央电视台《笑傲江湖》剧组。

四月二十七日，赴南京。在南京大学作演讲《南京与中国的政治与文化》。

七月一日，香港特别行政区政府举行授勋仪式，将最高荣誉大紫荆勋章颁给查良镛等五人。

八月一日，《评点本金庸武侠全集》王春瑜等五位评点人向上海市第二中级人民法院起诉金庸。

九月十日，在杭州主持中国网络界五大掌门人"天堂硅谷峰会"，是为第一届"西湖论剑"。

九月十三日,赴浙江新昌看望《笑傲江湖》剧组。

九月二十三日，在长沙岳麓书院发表演讲《中国历史大势》。

九月，看完京剧《神雕侠侣》剧本初稿后，写下两页纸的《关于京剧"神雕侠侣"剧本初稿的意见》。

九月，张梦新主编《大学语文》由浙江大学出版社出版，《笑傲江湖·救难》（节选）入选。

十月二十二日，参加《中华成语千句文》研讨会。

十月二十八日，在上海图书馆发表演讲《迎接新的五个世纪》。

十一月一日，至北京。

十一月二日—五日，在北京大学参加金庸小说国际学术研讨会。四日下午，在北京大学"世纪文化论坛"做主题发言。

十二月十三日，与教育部副部长韦钰等五人在香港公开大学第九届毕业典礼上被授予荣誉博士学位。

十二月，为杨君《笑容：与媒体英雄面对面》作序《笑容在我看来是一种蒙太奇》。

约是年，为陈晴散文集《蝴蝶飞》作序《细雨温蝶翼》。

是年，为《笑笑傲傲三六五》作序《君子淑女今世有》。

是年，获得浙江大学的导师资格认证。

二〇〇一年 七十七岁

一月上旬，出席《蝴蝶飞》首发式。

一月，在《明报月刊》一月号发表《群星璀璨月华明》。

二月十六日，与文化艺术出版社在南京签署和解协议，都表示将撤销对对方的起诉。五位评点人状告侵犯名誉权事件同时私解。

三月二日，受邀出席在澳门教科文中心举行的"金庸、池田大作联合书展"开幕仪式并在随后举行的"金庸文化讲座"上发表演讲。

三月二十二日至月底，在北京。二十四日晚，到中央电视台参与《对话》栏目的录制。

三月二十九日，经北京大学天文学系、北京天文台陈建生院士等专家提名，国际小行星中心审定，总编号为10930、年度编号为1998CRZ的一颗小行星被正式命名为"金庸星"。

四月十三日，在浙大城市学院讲座。接受台湾媒体大陆高校行记者团采访。

四月下旬，去台湾。到新竹接受台湾"清华大学"荣誉教授称号，并与圣严法师、杨振宁、刘兆玄进行"岁月的智慧——大师真情"会谈。

四月二十五日，与台湾地区领导人陈水扁会面，

　　2001年8月5日，金庸（右）与聂卫平在新疆天池畔对弈。（罗晓光摄）

表示反对美国向台湾出售军火。

四月，出席天地图书公司新书发布会。

五月十七日，飞抵郑州。十八日为少林秘笈题词碑揭碑。

五月二十日，从郑州飞抵广州。

五月二十一日，应邀到广州中山大学中文系做报告。

五月二十二日下午，应邀出席由广东省文艺批评家协会、广州市中盘图书有限公司在广州花园酒店举行主办的"金庸作品恳谈会"。

五月二十六日，飞抵天津，与数学家陈省身会面。

五月二十七日，与水西庄学会常务副秘书长韩吉辰会面，看到与祖业水西庄有关的资料，希望重建水西庄；访问天津日报社并做报告。

五月二十八日，受聘为南开大学文学院名誉教授，并作了题为《文学的故事性》的演讲。

六月二十七日下午，由香港飞抵南京，为"江苏人新形象电视辩论赛"担任评委会主席。

七月六日，出席在浙江大学举行的金庸小行星命名典礼。

七月十九日下午，到香港会议展览中心出席《明报月刊合订本电子版》新闻发布会。

八月五日，与聂卫平在天山天池旁对弈，拉开本年度新疆"炎黄杯"名人围棋邀请赛的帷幕。

八月八日下午，与林乐怡从新疆乘机抵达贵阳，参加首届中国贵阳国际围棋文化节。

十月十四日，去桃花岛看望电视剧《射雕英雄传》剧组。

十月二十一日，在杭州出席中国网络峰会暨第二届西湖论剑大会。

十月二十八日，广州出版社取得《金庸作品集》版权。

十一月，赴日本横滨神奈川大学参加金庸小说研讨会。获颁第九届"全球中华文化艺术薪传奖"终身奉献奖。

十二月初，受邀出任香港特别行政区行政长官董建华连任竞选助选团成员。

十二月十七日，到北京。十八日—二十四日，出席中国作家协会第六次代表大会。

是年，以浙江大学的教职开始招收隋唐史、中西交通史等专业的博士生。

二〇〇二年 七十八岁

一月二十九日，担任评委的第三、第四届"大家·红河文学奖"揭晓。

四月二十六日，应上海《文汇报》之邀到达上海。二十七日上午，与巴西作家保罗·科埃略在上海文新大厦对话。

四月，在台湾《中时电子报》发表《深切悼念余纪忠先生》。

四月，为新修版《金庸作品集》写《自序》。

五月十二日下午，到杭州。

五月十三日，因受邀担任浙江广电集团"情深厚土"文艺晚会嘉宾，与张纪中相会在杭州。十四日，商谈电视剧《天龙八部》改编事宜。

五月十六日，在上海出席华东师范大学中文系兼职教授的授聘仪式并作题为《文化因素与经济发展》的报告。

五月十八日，去杭州下沙，在杭州电子科技大学做讲座。

五月十九日—二十一日，在杭州金溪山庄组织举办"新经济条件下的生存环境与中华文化"国际学术研讨会，并提交论文《全球经济与人文因素》。

五月二十三日，在张浚生的陪同下参观了"浙

2002 年 4 月 26 日,金庸(前)与保罗·科埃略。(周学忠摄)

大文库"。

五月，主编《新经济条件下的生存环境与中华文化》由浙江大学出版社出版，《全球经济与人文因素》为本书之代序。

六月，修订完《射雕英雄传》，补写后记。

七月，在《文史哲》第四期发表《全球经济与人文因素》。

七月，在《明报月刊》七月号发表《什么东西退步了？》。

七月，修订完《书剑恩仇录》《碧血剑》，补写后记。

八月底，离开浙江大学，回香港。

秋，面试三位考入门下的博士生。卢敦基由查良镛直接指导。

十一月，修订完《天龙八部》，补写后记。

新经济条件下的生存环境

XINJINGJI
TIAOJIANXIA
DE
SHENGCUN
HUANJING
YU
ZHONGHUA
WENHUA

与中华文化

金 庸 主编 廖可斌 姚先国 副主编

浙江大学出版社

《新经济条件下的生存环境与中华文化》书影

二〇〇三年 七十九岁

一月九日，修订完《神雕侠侣》，补写后记。

一月上旬，再经修订的《书剑恩仇录》《碧血剑》由广州出版社出版。

三月二十一日，在澳门为金庸图书馆揭牌，并任荣誉顾问。

春，邀请牛津大学圣安东尼学院（St Antony's College）院长高定爵士（Sir Marrack Goulding）到杭州，在浙江大学开设讲座，并在现场亲自担任翻译。

五月，修订完《笑傲江湖》，补写后记。

六月，修订完《雪山飞狐》，补写后记。

七月十一日，在上海《文汇读书周报》发表《我读〈张居正〉》。此文随后易题为《好看而真实的历史小说——读〈张居正〉》，发表于《明报月刊》八月号。

七月十八日，在上海《文汇读书周报》发表《关于"金庸茶馆"》。

七月二十三日夜，在杭州电视台演播室录制节目。

七月二十五日，在杭州大剧院演讲。

七月二十六日，与文汇新民联合报业集团以及北京吉利教育有限公司、杭州文星广告有限公司共同投资的"金庸书友会有限公司"在杭州举行挂牌仪式，《金庸茶馆》杂志同时举行首发仪式。为《金庸茶馆》写有发刊词。同日，在杭州香格里拉饭店签署相关法律文件，聘请律师，处理在内地涉及著作、商业等问题，以及个人的相关权利等事务。

七月二十七日，与林乐怡返回香港。

七月二十九日，在接受香港有线电视台的专访时，指香港特区政府日前推出的《国家安全条例》草案文件（俗称二十三条立法），违反了《基本法》中的普通法精神。认为港府做事缺乏决心和勇气，行政长官董建华应该向公众道歉。

七月下旬，与途经香港的沈君山相会，交流修订小说的想法。沈君山建议：人物性格不变；情节尽量少改；新旧版同时发行，让读者自行选择，最终再决定去留。

七月，修订完《侠客行》，补写后记。

八月，新修版《书剑恩仇录》《射雕英雄传》由台湾远流出版公司出版。

八月，在《明报月刊》八月号发表《好看而真实的历史小说——读〈张居正传〉》。

九月，赴长沙、衡阳。二十七日，参加"五岳联盟大会"，并主讲《游侠的游历与侠气》。

十月六日，到西安。七日，到华山。八日，在华山北峰参与"华山论剑"活动,并与严家炎、司马南、魏明伦、张纪中、孔庆东、杨争光等对谈。

十月九日,在蔡澜陪同下参观法门寺。十日下午,在陕西西安碑林出席金庸武侠小说高级论坛,与严家炎、贾平凹、高建群、魏明伦、蔡澜、孔庆东等十余人交流对话。

十月下旬,到嘉兴。二十三日,游南湖。二十四日,出席嘉兴金庸小说国际研讨会。二十六日下午,第三次访问嘉兴一中,发表即兴演讲并与学生对话。

秋,在浙江大学招收首批博士生卢敦基等三人。

十二月三日,和王蒙在香港三联书店展览厅举行由香港三联书店、香港作家联会、明报月刊联合主办的《话说红楼梦》讲座。

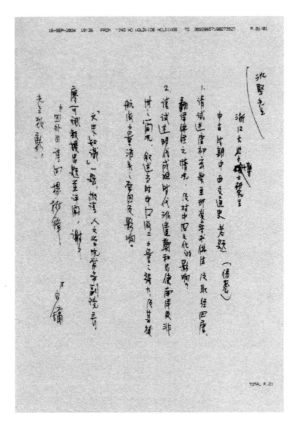

沈坚先生

浙江大学博士研究生
中古时期中西交通史考题（保密）

1. 请试述甘英和玄奘至西域学术使往返取经四摩、翻译佛经之情形，及对中国文化的影响。

2. 请试述明代成祖时代派遣郑和为使南往及非洲、南洋、叙述当时中国向之力量之强大，及甚发航海之景况，及原因及影响。

"文史知识"一类，叙述人文必究常亦到沈坚，原可调教谈些题迈至评阅，谢。
为国外留学而摄聪锋
先生张卷。

金庸

2004 年 9 月 16 日，发给沈坚的传真《浙江大学博士研究生中古时期中西交通史考题（保密）》。

二〇〇四年 八十岁

二月，《神雕侠侣》新修版四册由明河社出版。这是查良镛晚年最后一次大幅度修订小说并重新完整出版的开始。

四月，在浙江大学。十日，在杭州电子科技大学讲学。

四月，《书剑恩仇录》《碧血剑》《射雕英雄传》新修版共计八册由明河社出版。

六月，《雪山飞狐》（附《白马啸西风》《鸳鸯刀》）、《飞狐外传》《连城诀》《侠客行》（附《越女剑》《卅三剑客图》）新修版共计六册由明河社出版。

九月十六日，给人文学院副院长沈坚发去传真《浙江大学博士研究生中古时期中西交通史考题（保密）》："1. 请试述唐初玄奘至印度寻求佛法及取经回唐，翻译佛经之情况，及对中国文化的影响。2. 请试述明代成祖时代派遣郑和出使南洋及非洲之简况。叙述当时中国海上力量之强大及其后航海力量消失之原因及影响。"

九月二十二日—二十四日，受中国作家协会、四川作家协会邀请，在四川出席"人文四川名家论坛"，并到九寨沟踏访电视剧《神雕侠侣》外景地。去峨眉山。

　　2004 年 9 月 26 日，金庸在成都大熊猫繁育研究基地与大熊猫"毛毛"合影。

九月二十六日，参观成都大熊猫繁育研究基地。

九月，向浙大校长潘云鹤提出辞职。

九月，在《明报月刊》九月号发表一万六千字长文《忆邓小平的"治港远见"》，署名查良镛。

十月十三日，法国文化部长迪法柏前往香港，为查良镛等数人颁授法国艺术文学高级骑士勋章。

十月二十七日下午，与林乐怡回母校衢州一中（原衢州中学）。在一九四九年四月被国民党特务杀害的老同学江文焕像前停留良久。

十一月，人民教育出版社出版了高中二年级语文教材，收入《天龙八部》第四十一回《燕云十八飞骑，奔腾如虎风烟举》。

十二月下旬，与家人去泰国普吉岛度圣诞节，入住 Trisara 酒店五楼。二十六日海啸爆发，全家在睡梦中被叫醒，由酒店经理带领到更高楼层，终于脱险。

2005 年 6 月 22 日，剑桥大学授予金庸荣誉博士名衔。

二〇〇五年 八十一岁

一月，在《明报月刊》一月号发表《尊重法治决非笑柄》。

一月十日，前往浙江象山影视城，出席电视剧《神雕侠侣》开拍仪式。

一月十九日，出席浙江大学人文学院、龙泉市政府主办的龙泉宝剑展览。

三月，《倚天屠龙记》新修版四册由明河社出版。

四月四日，获英国剑桥大学教授会全票通过授予荣誉文学博士的提名推荐。

六月中旬，赴英国剑桥大学。二十二日，获得剑桥大学颁授的荣誉文学博士名衔。

九月中旬，去台湾参加远流出版公司三十周年庆，并于二十一日出席远流公司与《中国时报》联合举办的"金庸家族同乐会"。新修版《天龙八部》同时出版。

十月，赴剑桥攻读历史学硕士，师从汉学家麦大维（David McMullen）。

十月，《天龙八部》新修版五册由明河社出版。

十一月，在《明报月刊》十一月号发表《正直醇雅 永为激励——悼巴金先生》。

　　2006 年 2 月 24 日，金庸在庆祝《明报月刊》创刊四十周年暨明报出版社二十周年酒会上发言。

二〇〇六年 八十二岁

一月，在《明报月刊》一月号刊出为《明报月刊》创刊四十周年的题词。

二月二十四日，出席庆祝《明报月刊》创刊四十周年暨明报出版社二十周年酒会。

四月，《明报月刊》四月号以《爱中国、爱中华文化》为题刊出查良镛在二十四日庆祝酒会上的发言。

六月，《笑傲江湖》新修版四册由明河社出版。

七月十五日，修订完《鹿鼎记》，补写后记。

七月，《鹿鼎记》新修版五册由明河社出版。至此，《金庸作品集》新修版全套三十六册修订、出版竣工。

九月，访问汕头大学。

九月，《金庸散文集》由作家出版社出版。

十一月，在中国文联第八次全国代表大会上被推选为中国文联荣誉委员。

十二月，完成剑桥大学硕士论文《初唐皇位继承制度》（*The imperial succession in early Tang China*）。

金庸与麦大维

2007年6月18日，金庸去医院探望季羡林。

二〇〇七年 八十三岁

一月，在香港以视讯方式接受硕士论文口试。

二月初，去台湾看望正在"中研院"史语所进行访问的麦大维，并莅临台北国际书展，参观台北故宫博物院"北宋大观特展""大英博物馆收藏展"，以及于台湾博物馆展出的"俄罗斯文学三巨人特展"。

五月十二日，亲赴剑桥大学领取历史硕士学位证书。

五月中下旬，去台湾参加政治大学八十周年校庆。十九日，获授名誉文学博士。二十日，前往新店的柏杨家中拜会。二十一日，在政治大学发表题为《中国历史的发展》的演说。

六月十七日，出席北京大学国学研究院成立十五周年座谈会。

六月十八日上午，前往北京 301 医院看望季羡林。下午，前往北大参加北京大学武侠文化研究协会成立大会，并在英杰交流中心发表演讲。

七月三日下午，接待海宁市政协副主席许国荣一行。

七月，《金庸散文》由台湾远流出版公司出版。八月，由香港明河社出版。

八月，《飞狐外传》取代鲁迅《阿 Q 正传》，入选北京九个区县的高中语文教材，引发"金庸是否取代鲁迅"的争论。

八月，向北京大学捐资一千万元人民币，用于设立"金庸国学研究基金"，全方位资助北大国学研究院的教学、研究、翻译、出版等活动。

九月二十二—二十五日，在苏州。二十二日，被苏州评弹学校委任为名誉教授。二十三日下午，获苏州大学颁授名誉博士学位。

十月，在《紫荆》特刊第二期发表《一项有益而可行的原则》。

十一月二十二日，卸任浙江大学人文学院院长，同时受聘为人文学院名誉院长。二十五日，出席名誉院长授聘仪式。

十一月，获香港科技大学颁授荣誉文学博士学位，香港中文大学委任为文学院荣誉教授。

是年，申请攻读剑桥大学哲学博士学位，本想研究匈奴西迁问题，但教授委员会在讨论选题时认为，研究这一课题最好先念三年匈牙利文。随后又考虑过研究武则天、大理国，终因自感"力不从心"，改研究唐代政治。

二〇〇八年 八十四岁

年初，海宁盐官开始兴建金庸书院。

五月九日，北京交通广播推出汪良播讲的长篇小说《射雕英雄传》，以此为始，金庸的全套武侠作品陆续播出。

夏，应邀为九月二十八日举办的祭孔大典撰写祭文。九月初完稿。

九月十六日—十八日，回海宁，出席海宁二〇〇八金庸小说国际学术研讨会。为金庸书院奠基。十七日，在盐官看潮。

十月，分获辽宁师范大学、吉林大学授予名誉教授。

二〇〇九年 八十五岁

一月二十二日，梁羽生在澳大利亚逝世。送挽联"同行同事同年大先辈，亦狂亦侠亦文好朋友"，署"自愧不如者：同年弟金庸敬挽"。

二月，在《城市文艺》第四卷第一期发表《痛悼梁羽生兄逝世》。

三月，在《明报月刊》三月号发表《痛悼梁羽生兄》。

三月，获香港凤凰卫视"影响世界华人盛典"颁授"影响世界华人终身成就奖"。

六月，加入中国作家协会。

九月十日，在中国作协七届八次主席团会议全票当选为中国作协第七届全国委员会名誉副主席。

九月，入北京大学中文系中国古代文学专业攻读博士学位，导师为袁行霈。

二〇一〇年 八十六岁

一月十日晚，在新光戏院看浙江小百花艺术剧团的新版越剧《梁山伯与祝英台》首演，为之落泪。

九月十日，剑桥大学圣约翰学院院长杜柏琛（Christopher Dobson）来到香港，为查良镛颁发荣誉院士证书及哲学博士学位。查良镛的博士论文题为《唐代盛世皇位继承制度（618—712）》（*The imperial succession in Tang China, 618-712*）。

九月二十二日，海宁盐官的金庸书院正式落成开放。托查良浩带去致地方政府的感谢信。

十二月三日，出席香港树仁大学举行的第三十六届毕业典礼，并获颁荣誉博士学位。

2011年5月15日，金庸在香港视觉艺术中心参加查传讷个人画展。（宋振平摄）

二〇一一年 八十七岁

一月，设宴招待来访的卢敦基等人。

二月，在《开放杂志》总第二九〇期发表《祭孔文》。

五月十五日，出席小女儿查传讷在香港视觉艺术中心举办的个人画展。

七月十三日，被澳门大学授予荣誉文学博士学位。

十二月十九日，被台湾"清华大学"授予名誉博士学位。

二〇一二年 八十八岁

七月四日，查良镛手书对联石落成，永久矗立在剑桥大学圣约翰学院后花园内。对联石为台湾砂石岩，正面镌刻"花香书香缱绻学院道，桨声歌声宛转叹息桥"，为纪念二〇〇五年在圣约翰学院的留学生活而创作，背镌"桨声书香，剑河风光"，落款都是"学生金庸"。

二〇一三年 八十九岁

二月，黄子平编选《寻他千百度：金庸集》由香港中华书局出版。此书内地版于次年一月由北京中华书局出版。

五月二十八日，写《〈明窗小札〉后记》。

七月，北京大学为查良镛颁发博士毕业证书，称"修完博士研究生培养计划规定的全部课程，成绩合格，通过毕业论文答辩"。

七月，《明窗小札1963》（上、下）由香港明河社出版。此书内地版于次年六月由中山大学出版社出版。

二〇一五年 九十一岁

七月，《明窗小札1964》（上、下）由香港明河社出版。此书内地版于本年十月由中山大学出版社出版。

二〇一六年 九十二岁

七月，《明窗小札 1965》（上、下）由中山大学出版社出版。

十月，向广州市天河区人民法院状告杨治（笔名江南）、北京联合出版有限责任公司、北京精典博维文化传媒有限公司等在小说《此间的少年》中存在著作权侵权及不正当竞争。

十二月，当选中国文学艺术界联合会第十届荣誉委员。

冬，为香港博物馆金庸馆撰写开馆前言《此心安处是吾乡》。

二〇一八年 九十四岁

八月十六日，广州市天河区人民法院作出一审判决，《此间的少年》不构成对金庸作品的著作权侵权，但一定程度上构成不正当竞争，赔付查良镛一百八十八万元。

九月，身体不适，入香港养和医院就诊，由女婿吴维昌主诊。

十月三十日下午四时三十分，在与外孙女视频通话时悄然离世。

十一月十二日下午，私人丧礼在北角香港殡仪馆举行。晚九时正式结束。

十一月十三日，上午出殡，午间遗体送大屿山宝莲寺火化，骨灰安放在海会灵塔骨灰坛内。

跋

大约是一九九九年夏天，我在给嘉兴友人范笑我的信中，提到了正在撰写《金庸年谱》，笑我兄将这几句话摘录到他那著名的油印《秀州书局简讯》中。没过多久，百花洲文艺出版社的张国功按图索骥，电话来追这部书稿。这是我们订交之始。十多年后，国功兄已脱离出版界，一转而为南昌大学名教授，却念念不忘这部未能出版的书稿。这点远因，最终促成了目前这部《金庸年谱简编》的问世。

其实，在写信给笑我兄之时，《金庸年谱》差不多已经接近完稿（只要金庸在世，当然不可能完稿），全文近三十万字。彼时开放尚未深化，与外界接触有限，以致有人将我的工作转告金庸本人时，他的建议就是内地搜集资料不易，建议不要做了。后来我意识到，出一部钦定的传记可能才是他的意愿，而年谱这一选项根本不在考虑之中，但当时就算知道也不会在乎。对年谱这一体裁，我始终充满浓厚的兴趣，也坚信其价值为传记所难以替代，至于搜集材料的艰难曲折，反而更能激发热情，为此还当面接触和通信请教了一些前辈。给予教益的前辈中，章克标、费孝通、蒋英、谭文瑞、唐振常、李君维、萧蔚云、王芝琛、陈祖德九位已经故去，董理旧稿之际，每每会想起他们。尤其是李君维先生，有幸与他深入交流十余载，两相忘年，留下极美好的记忆。

在这一过程中，偶尔会出现一些有趣的意外。比如金庸几次提及表姐蒋英，但蒋英直到看到我的信，才第一次知道金庸竟然是自己的表弟，大为惊讶。一九四六年那次笕桥演出，蒋英浑然不知台下有这样一位表弟，金庸此后也再未与这位表姐重逢。那就可知有人绘声绘色地描述这次"见面"，无非是想象力惊人发达的结果了。还有曾代表中国出任远东国际军事法庭法官的梅汝璈，近十多年颇有一些历史纪实书籍会提到他，尤其是电影《东京大审判》更以他为主角，然而在二十多年前，由于种种原因，知道他的人并不多。所以当我联系上梅小璈先生，不问他尊人的历史功绩，却请教慧眼识金庸并招徕北上的过程，他惊喜之余，恐怕也不无遗憾吧。

十年前，我将《金庸年谱》浓缩为《金庸年谱简编》，略作增订，附在《金庸识小录》后，于二〇一二年在中华书局出版。这一《简编》虽仅约三万字，却是当时最为翔实的金庸年谱，附刊面世，有读者认为重要性超过正文，也有读者觉得纯属凑篇幅，显然是出发点不同，所得各异。我的内心不免是有些偏爱的，却也为其中的一些疏漏与错误耿耿于怀，比如金庸的生日。二〇〇〇年十一月在北京大学开会期间，我当面问过金庸："您的生日二月六号，是公历还是农历？"他答："农历，农历。"我因此换算为一九二四年三月十日，后来看到一些新闻，各路神仙为金庸祝寿也都是在这一天。这个日期，不断有人质疑，新披露出来的金庸年轻时填写的表格，甚至有出生于一九二三年的记录。金庸在不同时段不同场合对自己生日的不同表述，可能有多种原因，只是苦了我们这些为他写史的人，连带各路神仙也祝错了寿。因此这些年来，一直期待补过的机会。

金庸辞世那天，因国功兄结识的一位出版界人士，立即来联系出版《金庸年谱》。考虑到最近二十年来金庸生平材料大量披露，二十年前的旧作不经大幅度改写，不足以刊行，何况那是年谱长编的写法，仓促间不可能完成，遂议定以《金庸年谱简编》为基础来作增订。为了满足他最大的要求——"快"，我全身心投入，并调动一切能帮忙的友人来出力，竟然如期（约一个月）竣工。但没想到，此时对方却遽然毁约，摆出来的理由很是微妙，却可以理解。

想想若非催逼，我哪有勇气短期内突击成书，一时不能出版，何妨慢慢打磨，也就处之泰然了。

必须要郑重鸣谢这一个多月中施以援手的多位师友。他们是北京的赵跃利、于鹏、宋希於、谢其章，上海的祝淳翔、黄泳、"孙洁的朋友"、虞顺祥、郑诗亮，杭州的高利、周仁爱、胡昊华，香港的吴盛青、龚敏、郭婷、葛旻晏，广州林春光，重庆郭东斌，如皋彭伟，南通薛华娟。关于金庸小说连载时间的考证，经赵跃利兄整理，利用了胡又佳、黄泳、林春光、邱健恩、邝启东、于鹏等人的研究成果。遭毁约后，向继东、胡文辉、李世文三位曾为本书多方筹谋出路，最终承苟世建兄玉成。陆灏参与的《金庸武侠小说三人谈》(1988)，是中国内地最早几篇关于金庸的论文之一，劳他题签，属于请先行者"加持"。去岁又蒙笑我兄引见嘉兴查玉强，亦多得指点。如今本书顺利面世，他们的辛劳，终究不曾辜负。

而在撰写本书的过程中，我更强烈感觉，金庸不曾辜负他的时代，也不曾辜负他的生命。

严晓星

二〇二一年一月二十三日